은혜라서 더 서러운

은혜라서
더 서러운

신소영 지음 | 다랑 그림

국제제자훈련원

저자는 하나님의 차별 없는 사랑을 기생 라합과 나오미와 삭개오의 이야기를 통해 전해준다. 세 사람의 이야기 속에 복음이 담겨 있다. 십자가 사랑이 담겨 있다. 예수님의 십자가는 차별 없는 사랑의 십자가다. 예수님의 보혈은 사람을 차별하지 않는다. 예수님의 복음이 감당하지 못할 어떤 죄인도 없다.

저자는 세 사람 이야기를 통해 비극이 희극으로, 혐오의 대상이 사랑의 대상으로, 슬픔이 환희로 역전되는 복음의 능력을 전해준다. 운명론을 거부하고, 거듭 기회를 주시는 하나님의 사랑 이야기를 전한다. 이 책은 고통스런 상처를 치유하고, 절망의 언덕 위에 소망의 집을 짓도록 도와준다. 그래서 책을 읽는 동안 가슴 벅찬 희열을 느꼈다. 하나님의 사랑을 더 깊이 알고 싶은 분들에게 이 책을 추천하고 싶다.

강준민 _ L. A. 새생명비전교회 담임목사

우리는 성경을 읽을 때 주인공을 중심으로, 다수자의 시각으로 읽는 경향이 있습니다. 하지만 성경은 역사의 조역과 엑스트라들을 소홀히 하지 않으며, 소수자에 대해 관심과 배려를 아끼지 않습니다. 그렇기에 우리도 성경을 읽으면서 소수자들과 약자들을 주목할 필요가 있습니다. 그럴 때 우리 사회의 소수자들과 약자들에 대한 민감성을 키울 수 있고 하나님의 마음으로 그들을 대할 수 있습니다. 저자가 새롭게 들려주는 세 편의 이야기를 읽는 동안 독자들은 소수자에 대한 민감성을 깨우게 될 것이며 소수자의 눈으로 성경을 읽는 모범적인 사례를 볼 수 있을 것입니다.

김영봉 _ 와싱톤사귐의교회 담임목사

Contents

Intro

'모든 걸 리셋하고 새로 시작하고 싶다.'

지금까지와는 다르게 살고 싶다는 생각을 해본 적이 한번쯤은 있을 겁니다.

그러나 그런 기회는 쉽게 오지 않습니다.

'기생' 신분으로 생계를 유지했던 라합도 그랬습니다.

당시 기생은 성전에서 제를 올리는 기생과 몸을 파는 기생으로 나누어져 있었습니다.

후자의 경우, 사람들의 손가락질을 받으며 조롱과 폄훼의 대상이 되었지요.

먹고살기 위해 선택한 일이었지만, 자신을 함부로 대하는 사람들을 겪으며

라합의 일상에도 균열이 생기기 시작했습니다.

아무리 페달을 밟아도 조금도 앞으로 나아가지 못하는 삶,

용을 써도 아무것도 변하지 않을 것 같은 굴레에 갇힌 삶.

너무나 벗어나고 싶지만 답을 도무지 찾을 수 없는 그때.

라합은 하나님이라는 존재에 관해 듣습니다. 직감적으로 생각했지요.

'이분이라면 답이 되어주실지도 몰라.' 라합의 마음에서 자꾸 그분이 커졌습니다.

그러던 어느 날, 절박했던 라합의 삶에 위험하고도 비밀스러운 일이 일어났습니다.

라합은 자신에게 찾아온 일생일대의 기회를 놓치지 않았습니다.

덕분에 라합은 그토록 간절하게 원하던 새로운 삶을 살 기회를 얻었죠.

이제 불행 끝, 행복 시작이라고 생각했습니다. 하지만, 과연 그랬을까요?

라합이 믿었던 하나님 백성의 공동체에서 기생이라는 과거가

어떤 거리낌 없이 받아들여졌을까요?

그들은 여리고성 사람들과 달리 열린 마음으로

이스라엘의 구원을 도운 기생을 아무 편견 없이 받아들였을까요?

라합을 조건 없이 받아들이시고 예수님의 족보에까지 올리신

하나님과 이스라엘 백성의 간극 사이로 함께 들어가 보겠습니다.

'내 삶도 달라질 수 있을까?'

라합은 오늘도 눈을 뜨자마자 자신을 덮치는 나쁜 생각들을 잡귀 쫓듯 뿌리칩니다.

늘 똑같은 삶, 한 발자국도 나아가지 않고 늘 제자리인 삶에서 너무나 벗어나고 싶지만, 어디에서도 그 길은 보이지 않습니다.

여리고성에서 기생으로 산다는 건, 그다지 나쁜 것만은 아니었습니다. 여리고는 팔레스타인에서 가장 비옥했고 성 주민들의 생활은 무척 풍요로웠습니다. 먹고사는 데는 아무 걱정이 없었습니다. 그런데 배가 부를수록 사람들은 딴생각, 딴짓을 많이 하기 시작했습니다. 특히 성적으로 문란해졌고, 그 덕에 기생 신분인 라합도 성 안에서 살 수 있었습니다.

신들에게 제사 드리는 날은 특히 심했습니다. 축제 날, 먹고 마시고 이 사람 저 사람 너 나 할 것 없이 뒤엉켜서 온갖 추잡한 일을 아무렇지도 않게 저질렀습니다. 그런 일은 여리고에서는 일상이었고, 라합도 그렇게 사는 한 명이었습니다.

그렇다고 해서 그런 삶이 만족스러운 것은 아니었습니다. 라합은 창녀로 일하면서 생계를 유지하느라 앞만 보고 달려왔지만, 시간이 지날수록 회의에 빠졌습니다. 좋다면서 온갖 사탕발림을 하다가 자기 쾌락만 취하고 가버리는 비겁한 남자들, 한편으론 교양 있는 척하며 라합을 향해 손가락질하면서 결국은 똑같은 욕망을 드러내는 남자들, 그리고 라합을 공공의 적으로 여기는 여자들의 따가운 눈총 속에서 라합은 조금씩 지쳐갔습니다.

늘 하는 일이었습니다. 먹을 것을 팔고 술을 팔고 그리고 몸을 파는 일은 그녀에게 일상이었습니다. 그래서 좋고 나쁘고도 없었습니다. 돌봐야 할 가족이 있으니까, 먹고살아야 하니까, 또 남들도 그렇게 사니까 죄책감을 억누르고 살아갈 뿐이었습니다. 하지만 어느 날부터인가 라합은 부끄러움을 잃어버린 인간의 추함에 염증을 느꼈고, 알맹이가 빠진 자신의 삶에 공허함을 느끼기 시작했습니다.

'이렇게 평생 살아야 한다면, 그건 너무 끔찍하다.'

그러던 어느 날, 라합의 삶에 작은 돌멩이 하나가 날아들었습니다. 갑자기 오른 열 때문에 꼼짝도 할 수 없는 날이었습니다. 아무것도 하지 못하고 그저 누워만 있다 보니 갑자기 덜컥 겁이 났습니다. '이러다가 내가 죽으면 우리 집은 어떡하지? 누가 우리 가족을 돌보지?'

라합은 그때 처음으로 '죽음'을 진지하게 생각했습니다. 몸뚱어리 하나 믿고 지금까지 살아왔는데 만약 이대로 몸이 고장 나면 생계가 얼마나 막막해질지 생각하니 몸서리가 났습니다. 진공 상태에 갇혀버린 느낌이었습니다.

아파서 누워 있는 상황에도 손님들은 찾아왔습니다. 오늘은 장사를 할 수 없다고 하자, 그냥 돌아가는 사람도 있었지만 "얼마나 몸을 함부로 굴렸으면…" 하며 혀를 차는 사람도 많았습니다.

'내가 어떻게 사는지 잘 알지도 못하면서 왜 저렇게 함부로 말하지?'

라합은 공연히 부아가 나서 일찍 잠자리에 들었습니다. 다들 잠이 든 시간, 사내 몇 명이 라합의 집에 몰려들었습니다. 라합이

사정을 이야기했지만, 사내들은 막무가내
였습니다.

"네가 우릴 상대할 수 없으면 동생이
라도 데리고 와."

라합은 기가 막혀 그들을 내쫓으려
했지만, 사내들은 오히려 힘으
로 라합을 제압하고는 방으로
끌고 들어가 겁탈하려고 했습
니다. 라합이 소리를 지르자, 놀
라서 깬 동생들이 바깥으로 나가 동

네 사람들에게 도움을 요청했습니다. 그제야 두 사내는 폭행을 멈추고, 몰려든 사람들에게 공연히 화풀이를 하기 시작했습니다.

"무슨 구경이라도 났소? 창녀 주제에 무슨 요조숙녀 흉내를 내고 있네."

사내들은 라합에게 험한 말을 퍼부었습니다. 모여든 사람들은 적극적으로 말리지 않고, 사내들의 말을 동조하듯 그저 듣고만 있었습니다. 서늘한 침묵이었습니다.

사내들은 침을 뱉고 떠나고, 동네 사람들도 아무 일 없었다는 듯이 자기 집으로 흩어졌습니다. 사내들의 조롱 그리고 이웃들의 동조하는 눈빛, 그들이 그어놓은 선에 걸린 그날 밤…. 라합의 뇌리에는 처음으로 이런 생각이 스치고 지나갔습니다.

'좀 다르게 살아보고 싶어.'

다음날 새벽 일찍, 라합은 사람들의 눈을 피해 성전으로 향했습니다. 마음이 너무나 어지러워 도무지 안정이 되지 않았기 때문입니다. 누구에게든 하소연하고 싶고, 지푸

은혜라서 더 서러운

라기라도 붙잡고 싶은 심정이었습니다. 혹시나 하고 가본 성전. 그러나 역시였습니다. 그곳에서는 새벽까지도 난잡한 성매매가 이루어지고 있었습니다. 발길을 돌리려는데 누군가 라합을 알아보고 소리쳐 불렀습니다.

"라합, 이리와. 여기서 놀다가라고."

라합은 그날따라 그런 희롱이 거슬렸습니다. 그래서 허둥지둥 대답했습니다. "아니에요. 저는 오늘 기도하러 온 거에요." 그러자 갑자기 주변이 조용해졌습니다. 어색한 침묵이 잠시 흐르더니 이내 여기저기서 '품' 하고 웃는 소리가 들렸습니다. 누군가 말했습니다.

"어떤 신이 당신 같은 창녀의 기도를 듣겠소?"

라합은 그때 수치심이라는 걸 처음 느꼈습니다. 그 말은 메아리가 되어 자꾸 라합에게 돌아왔고, 이 세상에 의지할 대상이 없다는 사실이 아득하게 느껴졌습니다.

'내 젊음으로 버틸 수 있는 시간은 얼마나 될까?'

'이 일을 그만둔다면 난 뭘 하며 먹고살 수 있을까?'

'내 미래는 어떻게 되는 거지?'

첫 번째 이야기 | 라합

한숨만 나올 뿐 견적은 나오지 않았습니다. 미끄러지면 아무 대책이 없는 삶. '어떻게든 되겠지' 하는 허무한 낙관을 붙잡고 얼른 마음을 추슬렀습니다.

아무 일 없었다는 듯이 라합은 다시 일상으로 돌아왔습니다. 사실 다른 삶을 꿈꾼다는 건, 말 그대로 꿈같은 이야기였습니다. 당장 먹고살기가 바빴으니까요. 하지만 가끔 사람들을 상대하는 것이 버거워진 건 분명 전과 다른 변화였습니다.

"어디 가서 농사나 짓고 살까?"

푸념처럼 말했지만, 농사일 또한 쉬운 게 아니었습니다. 지금 와서 새 일을 시도하는 것도 엄두가 나지 않았습니다. 때려치우고 싶어도 때려치울 수 없는 굴레에 갇혔지만, 라합은 그래도 열심히 살아보자고 스스로를 다독였습니다. 그래도 살다 보면 언젠가 한번쯤은 운명을 바꿀 만한 기회가 오지 않을까 하면서요.

은혜라서 더 서러운

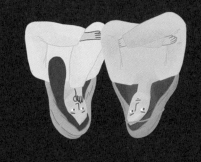

그러나 일상은 라합의 생각을
보기 좋게 배신했습니다. 기생이라
는 신분에 대한 편견은 혐오를 낳고, 그
렇게 혐오를 표현하는 사람들은 폭력을 사
용하기도 했습니다.

하루는 동생이 울고 들어왔습니다. 누군가와 싸웠는지
얼굴과 몸 여기저기에 상처가 나 있었습니다.

"누나, 누나가 더러운 사람이야?"

동생의 말에 라합은 말문이 막혔습니다. 무슨 일 때문
에 그런 상처가 났는지 가늠이 갔습니다. 아마도 친구들 사
이에서 라합이 하는 일을 두고 말이 오갔던 게 분명했습니

다. 밥과 술을 파는 곳이지만 어떤 때는 남자들에게 몸을 팔기도 했기 때문입니다. 먹고살기 위해서라는 명분은 있었지만, 사람들에게는 그런 게 중요하지 않았습니다. 그저 보이는 대로 판단할 뿐이었습니다.

"누나는 다른 사람을 해치지 않아. 도둑질하지도 않고. 또 사람들을 속이지도 않지. 하지만 세상에는 다른 사람을 속이면서 힘들게 하는 사람들이 많아. 그렇게 살지 않는 누나가 나쁜 사람 같아?"

동생은 그제야 울음을 그치며 고개를 가로젓습니다.

"누군가는 가족을 위해 일을 해야 해. 어부는 고기를 잡고, 목자는 양을 치고. 또 가죽을 만들어서 팔기도 하지. 누나도 그런 거야."

"그런데 왜 사람들이 누나를 더럽다고 해?"

뭐라고 설명해야 할지 라합은 막막했습니다. 몸을 파는 게 잘못이라면, 분명 몸을 사는 것도 잘못일 텐데, 사람들은 항상 파는 자에게만 모든 굴레를 씌웠습니다. 그러면서 '나는 쟤보다 낫다'는 우월의식으로 판단하며 선을 그었습니다. '넌 우리와 달라. 그러니 이 선을 넘어오면 안 돼' 하는

은혜라서 더 서러운

보이지 않는 강고한 선이었습니다. 그들 쪽에 서지 않은 사람들은 잘못되었다면서 마음대로 혐오하고 차별했습니다. 그런 폭력에 얼마나 상처받는지는 관심도 없었습니다.

"너한테 다 일일이 설명할 수는 없지만, 때로는 하기 싫어도 해야 할 때가 있어. 그게 어른이기도 해. 하고 싶은 일만 하면서 살 수 없는 게 어른이거든."

동생은 그래도 뭔가 억울해 보였습니다. 그렇다고 모든 걸 이해하기에 아직은 어린 나이. 라합도 이런 상황이 답답하기만 한데, 어린 동생들은 오죽할까 싶었습니다. 라합은 동생들을 꼭 껴안아주며 말했습니다. "사람들이 우리에게 불친절해도 우리는 친절하자." 그리고 돌아서면서 생각했습니다. 자신의 존엄을 지키는 건, 나 자신밖에 없다고.

라합에게는 돌봐야 할 가족들이 있었습니다. 어머니는 아파서 누워 계시고, 어린 동생들을 책임질 사람이 자기밖에 없었습니다. 애초에 자신을 위한 삶은 없었습니다. 이런 일을 하면 안 좋은 건가? 그렇게 생각할 겨를도 없었습니다. 삶은 옳고 그름보다는 절박함의 문제니까요. 그런 걸 따질 수만 있었어도 이런 삶을 선택하지 않았겠지요.

간혹 "먹고살 일이 그것밖에 없었냐?"라는 질타를 받기도 했습니다. 좀 더 알아보면 손가락질 받지 않고도 할 일이 왜 없었겠느냐는 뜻이었습니다. 아무리 살기 힘들어도 해선 안 되는 일이 있는 거라고. 그러나 그런 말들이 라합에게는 사치였습니다. 누군가에게는 옳고 그름보다 생존의 문제가 훨씬 더 절박하다는 걸 그들은 몰랐습니다.

어느 날, 라합의 집에 온 손님들이 하는 이야기가 들려왔습니다.

"그 소식 들었어? 요즘 전쟁판이 좀 이상해졌다는군."

"나도 소문을 들었는데 사실이야? 싸웠다 하면 다 이기는 사람들이 있다면서?"

"나도 직접 들은 게 아니라 전해 들었네. 그런데 어떤 사람들인지 들었나?"

"나도 자세히는 몰라."

라합은 호기심이 생겼습니다. 여기서 장사하면서 많은 사람을 만났고, 그들을 통해 수많은 이야기를 들었습니다. 여리고성 밖에서 어떤 일이 일어나는지 알 수 있었죠. 그런데 이런 종류의 이야기는 처음이었습니다. 그들은 과연 누굴까? 진짜 그런 일이 있었을까? 아니면 가짜 뉴스일까? 처음에는 그냥 소문인 줄만 알았는데 점점 그런 이야기가 많이 들리기 시작했습니다.

"그 들도 보도 못한 이스라엘이 전쟁을 또 이겼다는군."

"만들어낸 이야기 아닌가? 요즘 시대에는 누구나 영웅 이야기를 원하잖아."

"그보다 더 재미있는 이야기가 있다네."

라합은 음식을 만들면서 귀를 쫑긋했습니다.

"이집트에서 탈출해 나온 이스라엘이라는 민족이더군. 그런데 나올 때 열 가지 재앙이 내렸는데, 그걸 다 뚫고 나왔다는 거야."

그러면서 남자는 이스라엘이 이집트에서 나올 때 어떤

일을 겪었는지 이야기했습니다. 열 가지 재앙을 다 겪으면서도 이스라엘이 파라오의 손에서 벗어나 탈출하게 되었다는 이야기는 듣기만 해도 짜릿했습니다. 믿을 수 없을 정도로요. 궁금증은 더해졌습니다.

그때 손님들이 밀어닥쳤습니다. 더 이야기를 듣고 싶었지만, 손님을 상대해야 했기 때문에 어쩔 수 없었습니다. 그런데 듣자하니 그들도 이스라엘이라는 나라에 대해 떠들기 시작했습니다. 이렇듯 폭풍 소문의 주인공인 이스라엘과 그들이 섬긴다는 신이 궁금해 참지 못하고 물었습니다.

"그런데 그 이스라엘은 어떤 사람들이길래 이집트에서 탈출한 거예요?"

라합이 다가가 묻자 사내들은 신이 나서 설명을 이어갔습니다.

"이집트의 노예였다는군. 그런데 파라오가 일을 어마어마하게 시켰나 봐. 다들 죽을 만큼 고생을 했는데, 너무 힘드니까 신에게 살려달라고 한 모양이지. 그 소리를 듣고 신이 도와줬다고 하고."

이스라엘이 이집트의 노예였다는 말에 라합의 귀가 번

은혜라서 더 서러운

쩍했습니다.

"노예들에게도 신이 있었다고요? 아니, 노예들을 돌보는 신이 있다고요? 근데 신이 왜 그렇게 노예가 되도록 내버려두었답니까?"

라합은 폭풍 질문을 쏟아냈습니다. 하지만 정확하게 아는 사람은 없었습니다. 실체가 있는 소문인지조차 확인할 길이 없었습니다. 그저 떠돌아다니는 이야기일 수도 있었지만, 라합의 머릿속에선 그 이야기가 좀체 떠나질 않았습니다. 노예와 창녀. 비슷하다면 비슷한 처지. 그래서 노예들의 부르짖음을 듣는 신이 있다면 자기 이야기도 들어줄 것만 같았습니다. 그렇게 작은 소망 하나가 마음속에서 반짝 빛났습니다.

'도와달라고 하면 들어주는 신이 나에게도 있었으면!'

라합은 그날부터 손님들에게 이스라엘에 대해 묻기 시작했습니다. 들을수록 신기한 이야기뿐이었습니다.

"이집트에서 나올 때 앞에는 홍해가 버티고 막다른 길에 섰는데, 바로 뒤에는 파라오의 군대가 쫓아오고 있었다

는군. 그런데 그들의 신이 바다를 갈라버린 거야."

이야기를 듣던 사람들이 헛웃음을 터뜨렸습니다.

"에이 이보게. 이야기에 살을 붙이려거든 좀 정도껏 붙이게. 내가 지금까지 들어본 이야기 중에 가장 황당무계한 이야기군."

"그래. 바다가 어떻게 갈라지나?" 사람들은 믿지 않았습니다.

"그뿐만이 아니라네. 광야에서 40년을 지났는데 하나도 상하지 않았다는군. 굶지도 않았대. 그들의 신이 하늘에

The People of Israel

서 양식을 내려줬다는 거야."

"허허… 이 사람, 실성했나? 그런 허무맹랑한 이야기는 지어낸 게 분명하네."

사람들은 소설을 쓴다고 비웃었지만, 라합만은 그 이야기를 새겨들었습니다.

그러나 이렇게 웃고 넘기던 소문이 점점 두려움으로 변하기 시작했습니다. 그 이스라엘 백성들이 여기로 쳐들어올지도 모른다는 소식이 들렸기 때문입니다. 입으로는 소설이라고 비웃었지만, 이미 마음에는 두려움이 싹트고 있었습니다. 그럴수록 제사에 열심을 냈습니다. 그러다가도 이내 먹고 마시고 환락을 즐기는 삶으로 돌아갔습니다. '설마 우리한테 무슨 일이 일어나겠어?' 하면서. 탄탄한 경제력, 그만한 문명, 어떤 것도 막아낼 수 있는 견고한 성. 그들은 자신 있었습니다.

그러나 라합은 그런 낙관이 오히려 불안했습니다. 요즘 들어 범죄가 끊이질 않고 있고, 더더구나 성적인 타락은 걷잡을 수 없는 수준이었습니다. 뭔가 균열이 일어나고 있는데 다들 애써 모른 척하는 느낌. 무언가 큰 것이 다가오고 있다는 직감이었습니다. 오랜 시간 밑바닥에서 생존해온 사람만이 갖고 있는 감각이었습니다.

"그 소문 들었나? 이스라엘의 목적지가 우리 여리고성 이라고 하던데?"

사람들은 술렁이기 시작했습니다.

"뭐가 겁나? 우리 성은 아무도 침범할 수 없는 큰 성 이라고. 또 어떤 대적이든 싸워 이길 충분한 힘이 있는데 듣 도 보도 못한 민족에게 질 리가 있나."

두려워질수록 목소리가 커지는 것처럼, 사람들은 애써 자신의 크고 강함을 떠들어댔습니다.

"그런데 이번에 아말렉과도 싸워 이겼다는데?"

그 말에 사람들은 크게 동요했습니다. 다들 아무렇지 않은 척했지만, 각자 집으로 돌아가는 뒷모습에는 두려움 과 불안이 한가득 드리워져 있었습니다.

라합은 몸 파는 일을 그만두었습니다. 도무지 집중이 되지 않았기 때문입니다. 더 솔직히 말하면 본능적으로 엄청난 일이 다가오는 것을 느꼈습니다. 그러자 이렇게 살면 안 될 것 같은 생각이 들었습니다. 이제껏 라합에게는 먹고사는 문제가 가장 중요했는데, 지금은 그것보다 더 중요한 운명이 닥쳐오는 걸 체감했기 때문이었습니다.

시간이 지날수록 사람들은 예민해졌습니다. 라합이 느끼던 그 운명적 기운을 사람들도 눈치 채기 시작한 겁니다. 이스라엘이 곧 쳐들어올 거라는 소문이 횡횡한 가운데 무엇이 진실인지조차 알 수 없게 여리고성은 어지러워졌습니다. 그러던 어느 날, 운명의 밤이 소리없이 찾아왔습니다.

똑똑똑….
폭풍 전야처럼 조용하던 밤.
라합의 집에 낯선 나그네들이 찾아왔습니다. 라합은 한눈에 그들이 이방인, 즉 이스라엘 사람들임을 알아챘습니다. 심장이 뛰기 시작했습니다. 그들을 잘 대접해야겠다는 생각으로 맛있는 음식을 만들어서 냈습니다.

'대체 여기에 왜 왔을까?' 그들을 유심히 살피고 있는데

은혜라서 더 서러운

그중 한 사람이 물었습니다.

"오늘밤 여기서 묵을 수 있겠습니까?"

어쩐지 자신을 함부로 대하던 사람들과는 다른 기품이 느껴졌습니다.

"물론입니다."

그렇게 대답하면서도 라합은 앞으로 자신이 몹시 위험한 상황에 처할지도 모른다는 것, 그래서 일생일대의 중요한 선택 앞에 서 있다는 사실도 직감했습니다.

그들을 맞이하고 얼마 지나지 않아, 갑자기 누군가가 부서질 듯이 문을 두들겼습니다. 라합은 그들을 지붕 위에 넣어놓은 아마 단 밑에 얼른 숨기고 나갔습니다.

"지금 집에 머물고 있는 자들을 내놓아라. 이 땅을 정탐하러 온 이스라엘 정탐꾼들이다."

무려 왕의 전갈이었습니다. 라합에게는 자신의 모든 것을 걸어야 하는 순간이었습니다.

'내가 이 사람들을 숨겨주면 나는 어떻게 될까?'

'숨겨준 것이 들통나면 우리 가족은 다 죽겠지?'

어느 쪽
을 선택해야 할지
결론을 내리는 데에는
시간이 오래 걸리지 않았
습니다. 한 번도 만나지 않은 신,
그저 소문으로 듣기만한 신. 하지만 그
신에게 자신을 걸어야겠다는 결심이 섰습니다.

"그들이 저희 집에 오기는 했지만, 누군지는 몰랐습
니다. 어두워져서 성문이 닫힐 때쯤 떠났는데 어디로 갔는
지는 모르겠습니다. 어서 서두르세요. 쫓아가면 잡을 수 있
을 것입니다."

사람들이 가고 라합과 정탐꾼들이 마주앉았습니다.

"당신은 우리가 겁나지 않소? 이 사실이 들통나면 죽을
지도 모르는데."

정탐꾼 중 한 명이 라합에게 물었습니다.

"당신들에 대한 소문을 들었습니다. 당신들의 하나님에 대해 들었습니다. 그 말을 듣는데 가슴이 멎는 것 같았습니다. 그런 신이라면 제 인생을 걸어보고 싶어졌습니다. 죽는 건 두렵지 않습니다. 이미 죽는 것보다 못한 삶을 살고 있으니까요."

정탐꾼들의 눈이 반짝 빛났습니다.

"저는 기생입니다. 성전에 있는 기생과는 다른 기생이죠. 사람들이 저를 바라보는 끔찍한 시선을 상상도 못할 겁니다. 자신은 더한 짓도 하면서 마음대로 판단하고 정죄하지요. 저는 날마다 절망했습니다. 희망은 단 하나도 찾아볼

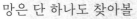

수 없는 상태. 그런 일상이 언제 끝날지 모른다는 막막함. 그게 얼마나 비참한지 아마 모르실 거예요. 그러다가 당신들의 소식을 들었습니다. 나에게서 사라졌던 단어, 희망이라는 게 생겼습니다. 나도 하나님을 믿으면 내 부르짖음을 돌아봐주실까요.”

정탐꾼들은 그녀의 눈빛에서 절박함을 보았습니다.

“우리에게 원하는 것이 있으면 말씀하십시오.”

라합은 이 순간을 기다렸다는 듯이 말했습니다.

“하나님의 이름으로 나에게 약속해주세요. 내가 당신들에게 자비를 베풀었으니 당신들도 우리 집에 자비를 베풀어주십시오.”

그 말을 들은 정탐꾼들은 지체 없이 말했습니다.

“우리가 목숨을 걸고 당신을 지키겠습니다. 우리가 쳐들어오는 날, 붉은 천을 내려 다십시오. 그것을 보고 당신의 집은 건드리지 않을 것입니다.”

정탐꾼들이 돌아간 뒤, 여리고 사람들은 더 두려움에 떨었습니다. 하나님께서 이스라엘 백성이 강을 다 건널 때

은혜라서 더 서러운

요단강을 멈추게 하셨다는 소식까지 전해지자 공포는 극에 달했습니다.

"이러다 우리 다 당하는 거 아닌가? 요즘엔 잠이 안 온다니까."

사람들은 벌벌 떨었고, 왕의 마음도 무너졌습니다. 이스라엘이라는 단어만 나와도 사람들은 공포에 질렸습니다.

"여리고 성문을 다 닫아라. 절대로 이 성문을 열어서는 안 된다."

왕은 두려운 마음으로 명령을 내렸습니다. 긴장되기는 라합도 마찬가지였습니다. 정탐꾼들이 알아보도록 집 문에 붉은 천을 달았는데, 사람들이 의심해서 들통날지도 모른다는 두려움, 또 정말 그들이 와서 이 성을 멸망시킬 때 자기네를 구원해줄지, 혹시 계획에 차질에 생겨 모든 게 수포로 돌아가는 건 아닌가 하는 염려가 기대하는 마음과 교차되었습니다. 그렇게 마음을 종잡을 수 없을 때마다 라합은 붉은 천을 바라봤습니다.

살얼음 같은 시간들이 흘렀습니다. 드디어 이스라엘이

여리고성 앞에 당도했습니다. 그날 밤은 성 안 모든 사람이 조마조마한 심정으로 잠을 이루지 못했습니다. 사람들은 두려움에 휩싸여 어쩔 줄을 몰라 했습니다. 라합 가족은 두려움에 떨며 문을 꼭 걸어 잠그고 때를 기다렸습니다.

"누나, 이스라엘 사람들이 저 붉은색 줄을 못 보면 어떻게 되는 거야?"

"만약 이스라엘이 져서 누군가가 우리를 고발하면? 그러면 우린 다 죽는 거 아냐?"

라합의 가족들 역시 두렵기는 마찬가지였습니다.

"그래. 우린 죽거나 살 거야. 난 여호와라는 신에게 전부를 걸었어. 이스라엘의 하나님은 광야를 지나는 40년 동안 그들을 상하지 않게 하셨대. 그런 하나님이라면 절대 실수하실 리 없잖아? 지금 내가 선택할 수 있는 건 그분에 대한 믿음뿐이야. 그리고 선택할 때는, 아니라면 목숨을 내놓을 각오도 한 것이고."

그러자 동생이 두려움 가득한 음성으로 또 물었습니다.

"그 사람들이 우리하고 한 약속을 잊진 않을까?"

라합은 다시 확신 있게 대답했습니다.

은혜라서 더 서러운

"하나님은 약속의 하나님이래. 명령만 지키면 그들의 하나님이 되어 보호하고 인도하시겠다고 약속했고, 지금까지 그 약속을 지키셨대. 그런 하나님을 믿는 사람이라면 사람과의 약속도 허투루 하진 않을 거야. 우리가 그들과 한 약속을 지킨다면."

긴장이 최고조에 달한 날, 큰 싸움이 날 것이라고 모두가 예상한 그날, 이상한 일이 벌어졌습니다. 두려움에 떨던 성읍 사람들은 희한한 광경에 아연실색했습니다. 이스라엘 백성은 싸우러 온 모습이 전혀 아니었기 때문입니다. 완전 무장하고 용맹스럽게 쳐들어올 줄 알았는데 웬걸. 사람들은 아무것도 하지 않은 채, 성 주변만 빙빙 돌고 있었습니다. 도무지 이해할 수 없는 행동이었습니다. 그 모습을 보자 여리고성 사람들은 이스라엘을 비웃었습니다.

"저것들 싸우러 온 거 맞나? 뭔가 모자란 거 아냐?"

"다 헛소문이었군."

"에이! 공연히 떨었네. 저런 멍청이들 때문에."

사람들은 비웃었습니다. 이 뜬금없는 상황이 어리둥절

하기는 라합도 마찬가지였습니다.

    '내가 잘못 믿은 건 아닐까. 너무 경솔했나?'

    하지만 그녀는 바다를 가르고, 백성을 탈출시키고, 광야에서도 길을 만든 신이라면 분명 우리 생각과 다른 작전이 있을 거라고 믿었습니다.

    하루, 이틀, 사흘….

    살얼음판 같은 시간이 흘러갔습니다. 동생들은 누나의 선택이 옳은 건지 계속 의심스러운 눈치였습니다. 이스라엘 백성의 이해할 수 없는 작전이 미덥지 않아 보였던 겁니다. 이러다가 반역자로 몰려 꼼짝없이 죽는 것 아닌가 점점

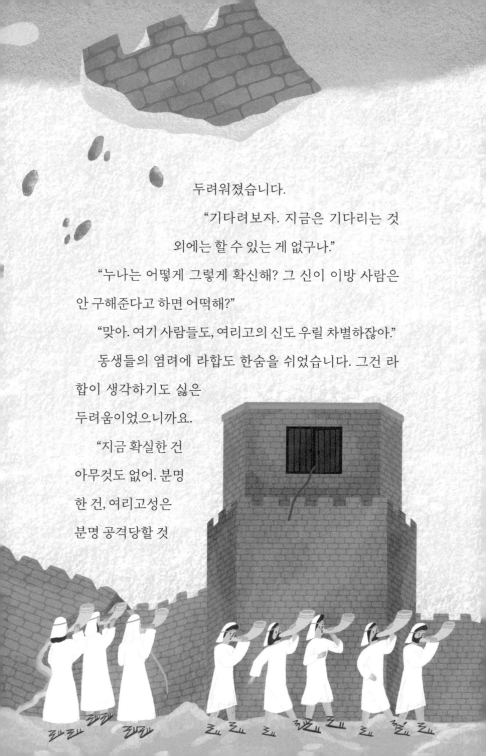

두려워졌습니다.

"기다려보자. 지금은 기다리는 것

외에는 할 수 있는 게 없구나."

"누나는 어떻게 그렇게 확신해? 그 신이 이방 사람은

안 구해준다고 하면 어떡해?"

"맞아. 여기 사람들도, 여리고의 신도 우릴 차별하잖아."

동생들의 염려에 라합도 한숨을 쉬었습니다. 그건 라

합이 생각하기도 싫은

두려움이었으니까요.

"지금 확실한 건

아무것도 없어. 분명

한 건, 여리고성은

분명 공격당할 것

이고, 정탐꾼은 우리 집만은 살려둔다는 약속뿐이야. 그 약속을 믿어보자.”

　그런데 믿을 수 없는 일이 벌어졌습니다. 여리고성이 허무하게 무너져버린 겁니다. 이스라엘 군대는 순식간에 성을 쑥대밭으로 만들었습니다. 물론 라합의 집은 예외였습니다. 여리고성 사람들이 쓰러져가고, 라합 가족만이 약속대로 살아남았습니다.

　기대했던 대로 되었지만 라합은 어디로 가야 할지 알 수 없었습니다. 그때 정탐꾼이었던 한 군인이 라합을 찾아왔습니다.

　“우리 민족과 같이 삽시다.”

　라합의 가족은 그를 따라갔습니다. 가슴이 방망이질했습니다. 혹시 듣던 대로 사람들이 돌로 쳐 죽이는 건 아닌지, 알아서 도망갔어야 했는지 오만 가지 생각이 들었습니다. 라합과 가족은 여호수아 앞에 섰습니다. 여호수아는 사람들 앞에서 라합이 이스라엘을 도운 일을 공개했습니다. 사람들은 환호했습니다. 이로써 라합은 이스라엘 무리에

들어가게 되었습니다. 드디어 라합의 인생에도 꽃길이 펼쳐진 순간이었습니다.

그런데 뭔가 이상했습니다. 설마.

"여리고성의 기생이었다는군."

"몸도 팔았다는데."

이스라엘 백성 틈에 살게 되었다는 기쁨도 잠시, 라합을 둘러싼 사람들의 수근거림이 시작되었습니다.

"자기 백성도 배신했는데 우리도 배신하는 거 아닐까?"

"역시 여자는 믿을 수 없어."

물론 사람들 중에는 정탐꾼을 도와준 라합에게 호의적인 사람도 있었지만, 그렇지 않은 사람들의 불편한 시선도 만만치 않았습니다. 라합은 한마디로 '불편한 영웅'이었습니다. 이도저도 아닌 상황에서 라합은 적잖이 실망이 되고 혼란스러웠습니다.

'하나님, 저는 목숨을 걸고 당신을 믿었습니다. 그리고 여기까지 왔습니다. 하지만 여기서도 이렇게 될 줄 몰랐습니다. 기생이라는 신분이, 몸을 팔았다는 과거가 여기에서

도 지워지지 않는 걸까요. 하나님도 나를 받아주시지 않는 걸까요.'

어느 날, 정탐꾼이었던 군인 한 명이 찾아왔습니다. 라합이 잘 지내고 있는지 걱정이 되어서였습니다. 라합은 그에게 자신의 속마음을 털어놓았습니다.

"이스라엘 백성과 하나님에 대한 소식을 듣고, 저는 처음으로 희망이라는 걸 품었습니다. 좀 다르게 살고 싶었고, 이스라엘이 섬기는 하나님의 백성이 되고 싶었습니다. 그런데 지금 이곳은 여리고성과 별로 다르지 않습니다. 어찌된 일일까요? 저 같은 사람은 여기서도 자격미달인가요?"

정탐꾼은 차분하게 말했습니다.

"하나님께 올 때 자격은 필요 없습니다. 저희 지도자인 여호수아도 모세의 종이었습니다. 만약 우리가 당신을 환대하지 않았다면, 그건 하나님께 벌을 받을 일입니다."

사람들은 라합과 자신의 경계를 나누면서 의로움을 입증하고 싶어 했습니다. 정탐꾼은 이런 그들에게 말했습니다.

"우리는 무엇이 그렇게 특별해서 다른 사람을 함부로 판단하는 겁니까? 우리도 노예였습니다."

은혜라서 더 서러운

정탐꾼의 말에 사람들은 흠칫하면서도 반발했습니다.

"우리는 선민이잖소. 하나님께 선택받았으니 특별한 존재란 말입니다."

"하나님께서 미워하는 것이 간음 아닙니까? 저 여자는 그 계명을 어긴 겁니다. 그러니 어찌 우리와 같을 수 있겠습니까?"

"도둑질도 한 것이죠. 다른 여자의 남편을 빼앗은 거니까요."

사람들은 같이 살기 찝찝하다면서 라합 가족을 다른 곳에 가서 살게 하자는 말까지 했습니다. 라합은 뒤에서 모든 말을 다 들었습니다. 못 들은 척했지만 사실은 라합의 가족도 다 듣고 있었습니다. 어디에도 섞이지 못하는 경계선 밖의 존재. 절대 끼워줄 마음이 없는 사람들 주위를 서성인다는 건 얼마나 비참한 일인지.

"그 특별함이 다른 사람을 판단하고 소외시키라는 뜻은 아닙니다. 하나님께서도 우리와 다른 사람을 차별하고 소외하라고 우릴 택하진 않으셨겠지요. 그렇다면 우리는 하나님을 오해한 것이고요. 우리가 노예로 살면서 당한 고통과 서러움을 벌써 잊었습니까? 더구나 그 여인은 우리에게 해를 끼치지도 않았고 오히려 도움을 주었습니다. 이렇게 편을 가르면 더 깨끗해지고 의로워지는 겁니까?"

정탐꾼의 말에 사람들은 뜨끔하면서도 못마땅해했습니다. 그때까지 뒤에서 보고만 있던 여성들도 한몫 거들었습니다.

"자기 버릇 누구 못 준다고 하잖아요. 이스라엘 남자들을 꾀어 문란하게 만들 수도 있어요. 위험한 사람이라고요."

"벌써 라합네 집을 기웃거리는 남자들도 있다니까."

"라합이 꼬리를 치더라고요. 밤늦게 다니고."

"저런 사람을 조금씩 허용하다 보면 우리 가정과 공동체의 질서가 흔들린다고요."

모두 근거 없는 말이었습니다. 하지만 라합이라는 존재는 그렇게 위협적이고 일상을 망가뜨릴 수 있다는 두려움을 주었습니다. 그래서 그들은 어떻게 해서든 라합을 분리하고 싶어 했습니다.

"정 그렇게 끼고 돌고 싶으면 우리랑 좀 떨어져서 살게 하든가."

은혜라서 더 서러운

"맞아 맞아."

사람들은 동조했습니다.

그러나 정탐꾼은 흔들림없이 강하게 말했습니다.

"라합 가족이 사라지면 안전하고 행복할까요? 지금 당신들이 느끼는 불안과 불행이 과연 라합 탓입니까? 생각해 보세요. 라합은 아무것도 하지 않았습니다. 그런데도 오염된 존재로 보고 불쾌해합니다. 또 상상으로 공포를 만들어서는 라합을 사라져야 할 존재로 낙인찍고 있습니다. 근거 없는 차별과 배제, 선민으로서 부끄러운 모습 아닙니까?"

정탐꾼의 호통에 사람들은 흠칫 놀라며 방어했습니다.

"왜 저렇게 라합을 끼고 돌지?"

"저렇게 하면 자기만 의로운가?"

"흑심 있는 거 아니야?"

말은 그렇게 하지만 사실 그들도 편치는 않았습니다. 그럴수록 이상하게 라합 가족이 더 불편해졌습니다. 그들과의 거리는 좀처럼 줄어들지 않았습니다.

"누나, 그날의 선택을 후회하진 않아?"

어느 날, 동생들이 눈치를 보며 라합에게 물었습니다.

"아무리 시간을 돌려봐도 내 답은 똑같아. 다시 돌아간다 해도 아마 같은 선택을 했을 거야."

"왜?"

"그땐 그 선택이 아니었으면 나는 살 수 없었을 거야. 그만큼 절박했거든. 나를 걸어도 될 만큼 믿을 수 있는 존재가 있어 다행이라고 생각해. 해보고 후회하는 게 낫잖아. 그리고…."

라합은 잠시 회상하더니 결기 가득한 표정으로 말했습니다.

"참 이상하지? 내가 위험을 감수해도 될 만큼 하나님이라는 존재가 크다고 느껴졌거든. 왠지 놓치면 안 될 것 같은 느낌에 사로잡혔었지. 그래서 꼭 붙잡은 것이고. 그런 마음은 지금도 똑같아."

라합은 잘 견뎌냈지만 소외는 계속되었습니다. 어떤 날은 넉넉히 견딜 만하다가도 어떤 날은 서러움이 북받쳐 올라왔습니다. 그럴 때마다 하나님께 나아갔습니다. 하나님을 믿고, 하나님이 자신을 돌보는 것을 믿지만, 전혀 예상하지 못한 상황 속에서 라합은 의심과 믿음 사이를 분주하게 오갔습니다. 이해할 수 없어 혼란스러워도 하나님 앞에서 뒹굴었습니다. 붙잡을 것이 하나님밖에 없었으니까요. 라합은 사람들이 잠든 시각에 혼자 기도를 드리곤 했습니다.

"하나님, 전 사람들을 이해할 수 없어요. 저를 대하는 사람들의 태도에 화가 납니다. 부당해요. 하나님의 백성이라면서 여리고성 사람들과 무엇이 다른지 모르겠어요."

라합은 속상한 마음을 풀어놓았습니다. 의심이 들고, 마음이 아프고, 화가 날 때마다 라합은 하나님 앞으로 달려가 토로했습니다. 하나님이 뭐라고 하시는지는 들을 수 없었지만, 어쩐지 마음이 평안해져서 그날 하루만큼은 견딜 만한 힘이 생겼습니다.

"사람들이 밉지 않나요?"

정탐꾼이 라합에게 물었습니다.

"처음에는 미웠어요. 너무하다는 생각도 들었죠. 지금도 가끔 그런 생각이 들긴 하지만 아주 가끔이에요."

"하나님이 원망스럽진 않습니까?"

그 질문에 라합의 눈이 반짝 빛났습니다.

"전 하나님의 인내를 봤어요. 모든 걸 참고 기다리신다는 생각이 들어요. 우리 부족함, 실수, 잘못을 바로잡을 때까지요. 이스라엘 백성이 잘못했다고 바로 벌을 내리거나 내치시는 분이 아니라는 게, 오히려 저에게 안도감을 주는 걸요. 저런 하나님이라면 나한테도 그러시겠구나 싶어서요."

"마음이 넓으시군요."

"처음에는 저 배은망덕한 사람들을 빨리 벌 주셨으면

했어요. 그런데 하나님의 방법이 따로 있다는 걸 알게 되었어요. 여리고성이 그랬잖아요. 어리석어 보이는데, 그게 될까 싶은데, 하나님은 하게 하시고 믿게 하시잖아요. 전 지금에서야 여리고성을 돌고 있어요. '편견'이라는 여리고성이요. 하나님이 성실하게 저를 인도하시는 과정이라고 생각해요. 저를 둘러싸고 굳게 세워진 여리고성이 언젠가는 무너지지 않을까요?"

정탐꾼은 라합의 말에 감탄했습니다. 그리고 전부터 생각해왔던 말을 쏟아냈습니다.

"맞아요. 라합 당신은 정말 강한 믿음의 사람이에요. 사람들의 손가락질을 받을 만한 사람이 아닙니다. 목숨을 걸고 믿음으로 우리를 지켜준 대단한 여성이라고요. 그러니까 숨지 마세요."

정탐꾼의 지지에 라합은 웃음을 터뜨리며 기분 좋은 맞장구를 쳤습니다.

"칭찬을 들으니 제가 막 괜찮은 사람이 된 것처럼 으쓱해지는 걸요. 맞아요. 전 도망가지 않을 거예요. 도망가버리면 전 그냥 하찮은 사람으로 기억될 뿐이잖아요. 그건 너무

은혜라서 더 서러운

억울해요. 그래서 불편한 사람으로 살기로 결심했어요."

　정탐꾼은 집으로 돌아오는 길에 라합의 믿음을 떠올리며 깊은 생각에 빠졌습니다. 사람들은 그녀의 과거를 두고 울타리를 치지만, 이미 그녀는 그런 편견을 뛰어넘어 하나님께서 그녀를 직접 다루고 계신다는 생각이 들었습니다. '누구보다 현명하고 단단한 여인이군.' 정탐꾼은 혼자 미소를 지었습니다.

　얼마 뒤, 정탐꾼은 결혼 발표를 했습니다. 상대는 예상했듯이 라합이었습니다. 정탐꾼이 라합에게 청혼을 한 것이었습니다. 어느 정도 눈치는 채고 있었지만, 실제로 이 파격적인 결혼 발표가 있자 사람들은 당황했습니다. 용맹하고 훌륭한 사람, 이스라엘에서 최고로 좋은 가문의 남자가 왜 이방인에다, 그것도 기생 출신과 결혼하느냐는 말이 무성했습니다. 누가 봐도 기우는 결혼이었던 것입니다.

　"라합은 제가 아는 한 가장 현숙하고 아름다운 믿음의 여인입니다."

　천둥 같은 말로 결혼을 발표한 그 정탐꾼은 다윗의 고조 할아버지, 살몬이었습니다.

두 번째 이야기   나오미

Intro

'내 인생이 아무리 망가져도 저 사람처럼은 되지 않았으면 좋겠다.'

혹시 그런 생각을 해본 적 있나요? 누구나 선망의 대상이 되고 싶지,

모멸의 대상이 되고 싶은 사람은 한 명도 없습니다.

폭망한 사람의 대표적인 모델, 모멸의 대상이 된 나오미도 그랬을 겁니다.

기근을 피해 남편, 아들 두 명과 함께 이방 땅으로 갔다가 재산과 가족을 모두 잃은 채,

그야말로 저주받고 쪽박 찬 모양새로 귀향했으니까요.

게다가 그의 곁에는 과부가 된 이방 며느리가 동행했습니다.

쉽게 말하자면, 잘살아 보겠다고 이민 갔다가 빈털터리가 돼서 돌아온 것도

모자라 외국인 며느리까지 데리고 온 셈입니다.

당시 이방인과의 결혼을 금기시했던 사회 분위기 속에서

나오미와 룻을 바라보는 시선은 어땠을까요?

두 사람은 '거봐라~ 꼴 좋다' 하며 무언의 조롱을 당하거나,

'저렇게 살면 절대 안 된다'라는 연민 섞인 교훈의 대상이지 않았을까요?

안돼 보여 도와주고 싶으면서도

뭔가 께름칙한 조건을 완벽하게 갖춘 모델이기도 했습니다.

룻은 사람들의 부당한 시선 속에서 얼마나 불필요한 질문을 많이 받았을까요?

성경에는 생략되었지만, 가난하고 소외된 그들이 고향 땅에 정착하기까지

모든 게 순탄하지만은 않았을 것입니다.

두 사람이 고향 땅에 오기까지, 그리고 모든 자존심과 과거를 내려놓기까지

나오미는 어떤 생각을 하고 어떤 일들을 겪었을까요?

용기를 내서 살아보고자 한 그들을 막아선 벽은 무엇이었을까요?

그들이 부딪힌 벽 가까이 함께 다가가려 합니다.

"왜 이렇게 마음이 무거운지 모르겠구나."

주름은 깊어졌고, 행색은 초라해졌습니다. 십수 년 전, 기근 때문에 떠났던 고향 베들레헴으로 돌아오는 길. 마음이 천근만근입니다. 나오미는 심호흡을 한번 합니다. 기근이 들어 어쩔 수 없이 떠났다가, 이제 풍년이 들어 돌아오는 것인데 쉽사리 발걸음이 떨어지질 않습니다.

남편과 아들 두 명과 함께 나갔지만, 지금은 맏며느리 룻과 나오미 단 둘뿐입니다. 멀리뵈는 고향 땅을 바라보며 나오미는 한숨을 내쉽니다. 그런 모습을 옆에서 지켜보던 룻이 나오미의 손을 잡아줍니다.

나오미는 애써 웃음을 지으며 룻을 안심시킵니다. 나오

미를 아는 사람들이 마을에 얼마나 남아 있을지 알 수 없지만, 자신을 어떻게 볼지는 퍽 두려웠습니다.

남편과 두 아들을 타지에서 다 잃고도 모자라 이방인 며느리까지 데리고 오다니. 어쩐지 자기 모습이 믿음 없이 살다 망한 자의 본보기처럼 보였습니다.

룻이 잠든 걸 확인하고 나오미는 밖으로 나왔습니다. 내일이면 베들레헴에 도착할 텐데, 심란한 마음을 진정시키려고 기도해보지만, 자꾸만 신세한탄이 나오는 건 어쩔 수 없었습니다.

'내가 어쩌다 이렇게 되었을까…'

지금까지는 잘 견뎌왔는데, 이렇게 고향 땅을 지척에 두고 보니 긴장이 됩니다. 사람들 눈을 의식하는 걸 보면 아직 살만 한가보다 하며 스스로를 다그칩니다. 죄 지은 것도 아닌데 떳떳하지가 않았습니다. 베들레헴에 기근이 들어 모압 땅으로 왔는데, 그 모압에 찾아온 기근으로 다시 베들레헴으로 향하는 모양새가 좋지도 않고 금의환향도 아니었기 때문입니다.

은혜라서 더 서러운

남편과 아들들과 함께 베들레헴을 떠날 때만 해도 나오미는 꿀릴 것이 없었습니다. 그런데 지금은 재산도 다 잃고 과부가 되었으니 귀향길 발걸음이 천근만근이었습니다. 그냥 돌아설까 싶다가도 아무 대책 없이 사는 것보다는 그래도 고향 땅이 낫지 않을까, 이런 생각 사이를 분주히 오가며 갈등이 심했습니다. 그 와중에 함께 가겠다고 나선 며느리 룻. 나오미는 그런 룻을 위해서라도 자존심이고 뭐고 다 버릴 수 있다고 생각했습니다.

'어차피 내가 선택한 일, 하나님께서 나를 낮추신다면 낮아지자. 피할 수 있는 일이 아니니까.'

드디어 베들레헴에 들어왔습니다. 사람들이 자신을 몰라봤으면 하는 마음 반, 그래도 아는 사람이 있었으면 하는 반. 이렇게 모순된 마음이 뒤엉켰습니다. 낯선 이들이 마을에 들어서자, 작은 마을에는 금세 두 사람에 대한 소문이 확퍼졌습니다. 나오미를 아는 사람들이 하나둘 모여들었습니다. 그들은 반가워하면서도 오랜만에 온 나오미의 모습을 샅샅이 훑었습니다.

"내가 아는 나오미가 맞는 거죠? 많이 변해서 몰라볼 뻔했어요."

행색만으로도 상황을 대충 파악한 사람들은 굳이 안 해도 되는 이야기를 했습니다.

"고왔는데 얼마나 고생을 했으면 이렇게 상했어요? 그런데 다른 식구는요?"

나오미의 가족관계를 아는 사람들은 궁금해했습니다. 그녀가 가장 대면하기 싫었던 순간이었습니다. 사람들 앞에서 망한 과거를 고백하고 드러내야 하는 것만큼 곤혹스러운 일은 없으니까요. 하지만 한번은 꼭 직면해야만 하는일. 나오미는 담담하게 고백합니다.

"제 이름은 기쁨이라는 뜻이지만, 이제 그 이름이 부끄럽습니다. 슬픔이 더 어울리게 되었으니까요. 모압에서 남

편을 잃고 두 자식마저 잃었습니다. 이렇게 다 잃고 빈털터리가 되어 왔습니다.”

나오미의 이야기가 끝나자 주위는 찬물을 끼얹은 듯 조용해졌습니다. 그러고는 곧바로 나오미 옆에 서 있는 룻에게로 시선이 옮겨갔습니다.

“제 며느리입니다. 저를 따라 함께 이곳으로 왔으니 잘 부탁드립니다.”

룻을 바라보는 사람들의 시선은 다양했습니다. 그중에서도 가장 두드러진 건 경계심이었습니다. 룻은 낯선 환경과 사람들 앞에서 잠시 위축이 되었지만 이내 미소를 지으며 인사했습니다. 작은 마을에 등장한 두 명의 여인. 그것도 과부라니. 이 여인들을 향한 사람들의 관심과 입방아는 그치질 않았습니다.

"근데 나오미는 왜 아들들을 이방 여인과 결혼시켰을까요?" … "낯선 곳에서 결혼을 시켜야 했으니 어쩔 수 없었나 보죠." … "그래도 그렇지, 이방 여인하고는 결혼하지 말라고 하셨잖아요." … "그러니까 저렇게 과부가 됐지."

'자기 살겠다고 떠나더니 샘통이다.'

사람들은 나오미를 동정하면서도 속으로는 비슷한 생각을 했습니다. 룻은 자신을 바라보는 사람들의 그런 시선을 이해할 수 없었습니다. 대견해하면서도 동정하는 눈빛·도대체 진심이 무엇인지 알 수 없는 눈빛이었습니다.

"다른 데로 시집가도 되는데 저 여인은 왜 시어머니를 따라왔을까?" … "이방 여인이어도 착하긴 한가 보네. 나오미가 며느리 복은 있나 봐." … "그게 무슨 복인가? 아들이 죽었는데. 게다가 이방인 며느리 아닌가." … "젊은 며느리를 언제까지 끼고 살 수는 없을 텐데, 어쩌려고 저러는 거지?" … "끼고 살면 욕심이지."

나오미는 어떤 날은 가엾은 과부가 되었다가 어떤 날은

은혜라서 더 서러운

며느리 복이 많은 시어머니가 되었습니다. 어떤 날에는 욕심 많고 염치없는 늙은이로 통하기도 했습니다. 여러 이야기가 나오미의 귀에 흘러들어왔습니다. 사람들에게 나오미는 동정의 대상인 동시에, '저 사람처럼 되면 안 될 텐데' 하는 사람의 표상이 되었습니다.

나오미는 사람들의 시선과 말에 피로감을 느꼈습니다. 베들레헴에 오기 전, 어느 정도 각오했던 일이었지만, 막상 당하니 아팠습니다. 다 늙어서 모든 것을 잃은 박복한 자기 처지에 한탄이 나오기도 했습니다.

어느 날 나오미를 걱정하는 사람들이 찾아와 위로를 해주며 이런 말을 건넸습니다.

"나오미는 이런 대우를 받을 사람이 아닌데 필요 이상으로 모욕을 당하는군요."

그 말을 듣는 순간 나오미는 그동안 풀지 못했던 문제에 대한 답을 찾았습니다. 왜 자신에게 이런 일이 생겼는지, 왜 이렇게 굴러 떨어져야 했는지 도무지 알 수 없어 스스로에게도 떳떳하지 못했는데 그제야 조금 알 것 같았습니다. 그동안 자신이 누리던 것, 자신이 서 있는 위치, 그 모든 것

은혜라서 더 서러운

을 당연하게만 여겼다는 게 가장 큰 문제였음을 깨달았습니다. 세상에 당연한 것은 없는데 말이죠.

그러면서 그동안 한 번도 해본 적 없는 질문이 생각났습니다. '나는 어떤 대우를 받아야 마땅한 사람이라는 걸까?' 나오미는 답을 알 것 같았습니다. 그러자 마음이 차분해졌습니다. 자신의 처지를 동정하여 위로하는 사람들에게 담담하게 말했습니다.

"일부러 이렇게 살고 싶은 사람이 있을까요? 아마 없을 겁니다. 이런 대우를 받을 사람이 애초부터 정해져 있지도 않고요. 잘못된 선택의 결과든 아니든 불행은 언제든지 나에게 올 수 있는 것이더군요. 피할 수 없는 불행이 닥쳐오면 겪어내야만 합니다. 죽지 않기로 선택했다면 말이죠."

나오미 자신은 그렇다 쳐도 룻은 걱정되었습니다. 사람들이 자꾸 저 편하자고 젊은 며느리를 데리고 왔다는 말을 하니 어쩐지 더 신경이 쓰였습니다. 이럴 줄 알았으면 룻도 따라오지 않았을 것 같은 생각이 들었습니다. 나오미는 넌지시 물었습니다. 이제라도 후회되면 돌아가도 좋다고 할

참이었습니다.

"넌 날 따라서 베들레헴에 온 걸 후회하지 않니?"

"왜요, 어머니?"

"아무도 널 환대하지 않고 이상한 사람 취급하면서 경계하잖니."

"하나님은 누구에게나 하나님이 아닌가요? 과부의 하나님이기도 하고, 이방 여인이었지만 하나님을 믿기로 한 저의 하나님도 되시잖아요. 결혼해서 잘살다가 배우자가 죽으면 하나님이 떠나시나요? 돌보지 않으시나요? 그분의 백성이 되는 데 자격이 필요한가요? 제가 어머니의 며느리로 알게 된 하나님은 그런 하나님이 아니셨어요. 사람은 잘못할 수 있어도 하나님은 잘못하시지 않는다는 걸 믿어요. 하나님한테 거부당한 게 아니니까 전 괜찮아요."

나오미는 룻의 대답에 머리가 멍했습니다. 자신도 생각지 못한 믿음이었습니다. 그동안 무기력하게 지냈던 모습이 떠올라 부끄러웠습니다.

"맞다, 룻. 너의 말이 내게는 하나님의 음성처럼 들리는

은혜라서 더 서러운

구나. 그동안 신세한탄만 했지 하나님을 보지 못했어. 네가
나를 깨우치는구나.”

　나오미는 조금씩 사람들 앞에 나서기 시작했습니다. 더
이상 잃을 것이 없다고 생각했는데 ‘자존심’은 붙잡고 있었
던 걸 알았습니다. 지금까지 빈털터리가 된 나이 많은 불행
한 과부로 스스로를 자리매김해왔다면, 이제는 그 프레임
을 스스로 깨고 나와야 할 때였습니다. 룻을 위해서라도 그
렇게 해야 했습니다.

　“사람들이 나오미에 대해 뭐라고 말하는지 알아요?”
　“날 보며 쌤통이라고 하겠죠.”
　나오미가 아무렇지도 않게 받아치자 사람들은 화들짝
놀랐습니다.

　　　　　　　　　　　　　　　　　두 번째 이야기 | 나오미

"한동안 저는 큰 슬픔에 빠져서 허우적거리기도 했습니다. 제 처지가 수치스럽기도 했고요. 그때 모압으로 가지 않았더라면, 하는 자책을 하고 또 했습니다. 그런데 한 가지 사실을 깨달았어요. 그것 때문에 버틸 수 있었죠."

사람들은 나오미가 그 모진 시간들을 어떻게 견뎌냈는지 궁금했습니다.

"저는 스스로를 쉴 새 없이 책망하고 자책하고 있는데, 생각해보니 하나님께서는 저를 책망하시지 않으셨더라고요. 하나님은 가만히 계시는데 내가 나를 못살게 굴고 있었어요. 그것도 교만이고 죄라는 생각이 들었습니다. 그때부터 자신을 못 살게 구는 걸 멈췄습니다."

그 말을 듣고 한 사람의 입이 실룩거렸습니다. 어쩐지 나오미가 뻔뻔하게 느껴졌기 때문입니다.

은혜라서 더 서러운

망해서 왔으면 망한 사람답게 굴어야 하는데 당당한 나오미가 솔직히 불편했습니다. 망한 과부답지 않은 모습이었던 겁니다.

"너무 자기 위주로 해석한 거 아닌가요?"

그가 못 참고 한 마디 했습니다. 갑자기 분위기가 싸늘해지자 아차 싶었는지 수습하려고 했습니다.

"그러니까 … 내 말은 … 하나님을 자기 마음대로 오해하는 것일 수도 있잖아요."

사람들은 그에게 눈치를 주었지만, 나오미는 평안했습니다.

"물론 제 잘못으로 인한 결과일 수도 있지만 누구나 겪는 불행일 수도 있습니다. 하나님을 믿는다고 해서 불행한 일이 안 생기던가요? 하나님이 제게 내린 벌일 수도 있고 아닐 수도 있어요. 제 잘못으로 벌을 받는 것이라면 겸허하게 받아들이고, 그 삶을 살아내야겠지요. 만약 우리가 살면서 어쩔 수 없이 겪는 불행이라면 그 또한 지나가길 바랄 수밖에요. 다만, 하나님은 이런 상황들 속에서 제가 어떤 마음과 태도를 선택하는지 보신다고 생각해요. 그리고 그 고통으로 무엇을 만들어내는가도 보시고요. 전 하나님을 믿는다고 해서 불행과 고통이 저에게 닥치지 않을 거라는 것도 잘못된 믿음이라는 걸 깨달았습니다. 그건 믿음이 아니었어요. 제 신념에 불과했던 거죠. 그게 깨지고 있는 중이랍니다."

나오미의 대답이 끝나자 다른 사람이 물었습니다. 아무래도 당당한 나오미가 얄미워 보인 모양이었습니다.

"그래도 하나님은 우리가 잘못했을 때 벌을 주시기도 하십니다. 나오미에게 일어난 일을 보통은 '복'이라고 말하진 않잖아요?"

"전 믿음은 해석이라고 생각합니다. 전 이런 일을 겪으면서 왜 사람들은 별일 없이 잘사는 것만을 복으로 여기는지 의문이 들었습니다. 재물 없고, 자식 없고, 초라한 상황에 처하는 건 복이 아니라는 건가요. 과연 복이라는 게 아무 일도 일어나지 않는 무탈함, 혹은 재물이 많아지고 자식이 많고 부귀영화를 누리는 것만 말하는 걸까요. 물론 그런 것도 복이긴 하지만, 복이라는 게 꼭 그런 것만 말하지는 않는

다고 생각해요. 불행이 닥쳤을 때 어떤 시각으로 해석하고 반응하느냐가 더 중요한 거죠. 그런 믿음의 선택과 태도가 바로 하나님의 복 아닐까요.”

나오미의 대답에 사람들은 아무 말도 하지 못하고 흩어 졌습니다. 룻과 함께 베들레헴에 온 후로 나오미가 이렇게 당당한 모습을 보인 건 처음이었습니다.

그날 이후로 나오미는 자신의 존엄을 지키기 위해 애썼 습니다. 더 이상 내려갈 곳이 없을 정도로 추락했지만, 지금 이 전부가 아님을 알고 있었습니다. 무엇보다 냉혹한 현실 을 살아내야 했습니다. 하나님 앞에 정신차리고 서 있지 않 으면 룻에게 피해가 갈까 봐 더욱 마음을 지켰습니다.

룻도 나오미 못지않게 따가운 시선을 받았습니다. 베들 레헴에 온 이후로 룻을 향해 환대의 말이나 눈빛을 보낸 사 람은 거의 없었습니다. 모압 사람은 전부 적으로 여기는 분 위기였습니다. 마을 사람들 눈에 룻은 경계해야 할 이방인 일 뿐이었습니다.

상황이 그런데도 룻은 동네를 나가서 며칠 알아보더니 일할 곳을 벌써 눈여겨본 터였습니다. 마침 보리 추수가 시작될 때여서 일할 곳은 많아 보였습니다. 일하러 나간다고 나서는 룻을 보니 나오미의 마음은 편치 않았습니다. 진짜 시어미 때문에 너무 희생하는 것 아닌가 싶어서였습니다.

"룻아. 누구보다 네가 행복하길 바라는데, 내가 너의 행복을 가로막는 장애물이 된 것 같아 마음이 무겁구나."

룻은 깜짝 놀라서 나오미를 쳐다보았습니다.

"어머니. 전 지금 전혀 불행하지 않아요. 사람들은 남편을 잃고 혼자 시어머니를 봉양하니 불행한 여인이라고 할지 모르지만, 전 제가 불행하다고 생각한 적이 없어요."

룻의 눈을 보니 단순히 나오미를 위로하려고 한 말은 아니었습니다.

"남편이 없다는 건 결핍일 수 있어요. 하지만 결핍이 죄는 아니잖아요. 차별하는 쪽이 잘못된 것이지 당하는 쪽이 잘못은 아니니까요. 제가 불행할 이유가 없죠."

예전부터 느꼈지만, 지금은 나오미 자신이 오히려 룻을

의지하고 있다는 생각이 들었습니다.

"부부가 아이를 낳고 사는 삶도 완벽한 삶이라고 생각해요. 하나님은 가정을 허락하셨고, 그 안에서 행복하기를 원하시니까요. 그렇다고 저와 어머니 이렇게 둘이 사는 삶이 완벽하지 않은 걸까요? 과부가 된 시모와 과부가 된 며느리는 가족이 아닌가요? 완벽하지 않다고 생각하는 이유가 무엇인지 궁금해요. 누구를 기준으로 가르는 거죠? 어쨌든 어머니와 저는 우리한테 주어진 삶, 우리한테 와버린 삶을 최선을 다해 살고 있는 걸요. 우리를 비정상으로 보는 시선이 오히려 잘못 아닐까요? 제가 주눅 들거나 피해 다닐 필요가 없다고 생각해요. 그러니 저는 일을 하러 나갈 거예요."

나오미는 룻이 믿음직스러우면서도 상처받을까 봐 걱정이 되었습니다.

"사람들은 너를 이방 여인이라며 경계할 거야."

"상관없어요. 그런 시선에 마음 쓸 만큼 한가하지도 않으니까요. 나한테 별로 중요하지 않은 사람들의 말 때문에 상처받지 않을 거예요. 그러니 걱정마세요."

그제야 나오미는 마음이 놓였습니다.

"그래. 네가 원하는 대로 하거라."

룻은 일하러 나갔습니다. 룻은 추수하는 사람들의 뒤를 따라가면서 이삭을 줍기 시작했습니다. 아침 일찍 나가서 잠시도 쉬지 않고 일했습니다. 그런 룻을 보면서도 사람들은 경계심을 거두지 않았습니다. 한편으론 나오미가 이방인 며느리를 데리고 와서 종처럼 부린다는 욕도 서슴지 않았습니다. 그런 말들이 룻의 귀에도 들렸지만, 그저 묵묵하게 일만 했습니다.

룻은 그날 먹을 것을 많이 가지고 집에 왔습니다. 그 사실만으로도 천하를 얻은 듯 기뻤습니다. 두 사람은 아주 오랜만에 푸짐한 식사를 했습니다. 두 사람뿐이었지만 넉넉하고 오붓한 만찬이었습니다.

"사람들이 괴롭히거나 따돌리지는 않고?"

"그런 걸 느낄 새가 없어요. 설사 그런다고 해도 상관없어요. 어머니와 저에게 일용할 양식만 있다면 더 바랄 게 없는 걸요. 그걸로 충분해요."

은혜라서 더 서러운

시어머니 앞에서는 그렇게 말했지만, 사실 일하러 나갔을 때 이상한 말을 많이 들었습니다. 그런 이야기를 다 해버리면 나오미의 마음이 아플까 봐 입을 다물어버린 겁니다. 오늘만 해도 그녀가 '이방 여인'이라는 사실을 끊임없이 주지시켰습니다.

"며느리로는 완벽하네. 이방인만 아니었으면 더 좋았을 텐데 아쉽군."

룻은 갸우뚱했습니다.

"제가 본 나오미는 정말 존경스러운 사람이었어요. 어머니가 믿는 하나님이라면 저도 믿고 싶을 정도로요. 그래서 어머니와 어머니의 하나님을 섬기려고 어머니를 따라왔어요. 제가 이방인이라는 게 왜 문제인가요?"

"우리 민족은 이방인과의 결혼을 금하고 있거든. 나오미가 하나님이 싫어하는 일을 한 거지. 그런 의미에서 룻은 좋은 사람이지만, 하나님의 관점에서는 받아들일 수 없는 사람이라는 뜻이야."

"그렇다면 하나님은 저라는 존재를 무시한다는 뜻인가요? 그런 말은 금시초문인데요."

사람들은 룻의 반격에 얼어붙었습니다. 의외의 당당함에 놀라면서도 어쩐지 불편했습니다. 보통 이런 상황에서는 주눅이 들거나 자기 연민에 빠져 불쌍하게 보여야 하는데, 아무것도 가진 게 없는 이방인이 이렇게나 당당하다니!

"하나님이 이방인과의 결혼을 금한 건 다 뜻이 있어서예요. 이방 여인과 결혼하면 다 우상을 숭배하는 죄로 빠졌거든. 남편을 꼬셔서 자기가 믿는 신을 믿게 했단 말이에요. 그러다 이스라엘이 힘들었던 적이 얼마나 많았는데!"

그 말 속에는 이방인은 위험한 존재라는 인식과 편견이 가득

은혜라서 더 서러운

했습니다.

"전 남편과 결혼하면서 처음으로 여호와 하나님을 알게 되었어요. 하나님을 향한 어머니의 믿음을 보고 저도 하나님을 따르기도 했죠. 어머니는 기근 때문에 고향을 떠나왔고, 아들들을 이방 여인과 결혼시켰지만 그렇다고 믿음을 저버린 건 아니었어요. 설사 어머님이 잘못했다고 해도 하나님 백성이 아닌 건가요? 또 저는 하나님을 믿기 때문에 여기까지 왔는데 제가 이방인이라는 이유로 하나님은 저를 밀쳐내실까요? 적어도 제가 나오미를 통해 알게 된 하나님은 그런 분은 아니었는데…. 그리고 남자가 이방 여인과 결혼해서 신앙을 저버린 건 자기 신앙이 확실하지 않은 탓이 더 크지 않을까요? 어째서 그게 전적으로 여자 탓인가요?"

작심한 듯 말을 쏟아낸 룻에게 그제야 사람들의 표정이 보였습니다. 모두 한 대 얻어맞은 표정이었습니다. 낮은 한숨을 쉬고 다시 말을 이어갔습니다.

"저희 어머니 나오미는 저를 위험한 존재로 보거나 그런 말을 하신 적이 없어요. 그게 너무 당연했는데 여기 와보니 제가 너무 다른 사람이라는 걸 자꾸 인식하게 돼요. 나오미는 저희를 이방인이라고 다르게 본 적이 없거든요. 그래서 전 하나님도 그런 분이라고 생각했어요. 차별하지 않으시는 분이라고."

낮에 그런 일을 겪고 집으로 왔지만, 룻은 티를 내지 않은 것이었습니다. 사실 룻이 일하러 나갔을 때, 나오미도 사람들로부터 한 차례 언짢은 말을 들었습니다. 사람들이 룻의 성실함을 높이 사고, 룻과 나오미가 서로 돌보며 잘 살아가는 모습을 보자 부러우면서도 뭔가를 께름칙해했습니다.

"며느리로서 완벽하네. 이방인이라는 게 딱 하나 흠일세."

나오미는 발끈했습니다.

"흠이라뇨?"

"이방인만 아니었으면 100점이란 뜻이에요."

"100점의 기준은 누가 정했나요?"

"허허~ 무서워서 무슨 말을 못하겠네. 하나님이 이방 여인과의 결혼을 금하지 않았습니까?"

"우리로선 그때 다른 선택이 없었어요. 그래서 이방 며느리를 들였지만, 누구보다 두 며느리를 아끼고 사랑했습니다. 하나님께서 이방 여인을 금한 건 우상숭배 때문이었죠. 하지만 룻은 다릅니다. 모압 사람이 섬기던 그모스 신을 따르다가 우리 가족이 되면서는 하나님을 믿고 따랐죠. 뭐가 문제인가요?"

자신에 대한 손가락질은 잘 참았지만, 룻에 대해 사람들이 던지는 차별적인 시선이나 오해, 편견에는 단호하고 당당했습니다.

"사람에게 점수를 매기는 것은 무례한 일입니다. 신앙이라는 이름의 폭력이 될 수도 있어요."

나오미와 룻은 서로를 의지하며 살았습니다. 룻은 아침 일찍부터 나가서 일했고, 나오미는 룻이 일당으로 가져온

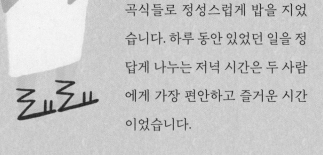

곡식들로 정성스럽게 밥을 지었
습니다. 하루 동안 있었던 일을 정
답게 나누는 저녁 시간은 두 사람
에게 가장 편안하고 즐거운 시간
이었습니다.

　그런 두 사람의 일상에 작은
파문이 일어났습니다.
　"어떤 남자가 저에게 호의를
베풀어주었어요."

그 말에 나오미는 귀가 번쩍했습니다. 어떤 일이 있었
는지 차분하게 물어보았습니다.

"보아스라는 분이 제가 곡식을 많이 거둘 수 있도록 해주
셨어요. 이렇게 먹고도 남을 정도로요. 제가 어머니를 모시
고 사는 걸 이미 알고 있던데, 그걸 좋게 보셨던 것 같아요."

나오미는 그날 보아스가 룻에게 다가와 베푼 은혜를 들
었습니다. 분명 특별대우였습니다.

보아스라면 나오미도 아는 사람이었습니다. 덕망 높은

사람으로 칭찬받고 있었으니까요. 룻에게 그의 이름을 듣자 머리에서 무언가 번쩍 하는 느낌이 들었습니다.

'어쩌면 좋은 기회일지도 몰라.'

사람들은 룻에게 베푼 보아스의 호의를 놓고 수군거리기 시작했습니다. 젊은 과부와 나이 많은 부자 남자의 스캔들은 작은 마을을 휩쓸었습니다. 정작 일 외에는 아무 접촉이 없었음에도 소문은 삽시간에 번졌습니다.

"보아스 같은 사람이 이방 여인과 소문이 나다니, 가문의 수치 아닌가?"

"그러게, 사람이 없는 것도 아니고 하필 모압 여인과…"

"보아스도 나오미 남편이나 아들들처럼 죽지 않으려면 정신 좀 차려야겠는걸."

"맞아. 남편 잡아먹은 여자들이니 조심해야지."

이런 말들은 당연히 나오미의 귀에도 들어갔습니다. 이상하게 화가 나지 않았습니다. 무언가 새로운 상황이 펼쳐지고 있다는 느낌이 들었고, 어떻게든 룻에게 좋은 일이 되도록 해주고 싶다는 생각뿐이었습니다. 전에 없던 열정과

은혜라서 더 서러운

용기가 생겼습니다.

　나오미는 그날부터 기도하며 유심히 상황을 살폈습니다. 그리고 룻에게 넌지시 물었습니다.

　"너는 이제부터 내가 시키는 대로 하렴."

　시어머니가 하는 말에 처음에는 적잖이 당황했습니다. 축제 때 보아스가 잠들면 그의 곁에 가서 누우라는 것인데, 일종의 신부가 되라는 뜻이었습니다. 청혼을 받지도 않았는데 신부가 하는 행동을 하라니. 룻으로선 선뜻 받아들이기 어려운 제안이었습니다. 불륜을 조장하는 것 같기도 하고, 여성성을 내세워서 남자를 유혹한다는 것이 어쩐지 내키지 않기도 했습니다. 게다가 만약 그가 거절한다면, 그동안의 호의까지 거두어들일지도 모르고, 소문이라도 나면 베들레헴에서 살기 어려워질 수도 있는, 모든 걸 걸어야 하는 모험이었습니다.

　"너에게는 다시 없을 기회일지도 모른단다. 여자라도 먼저 다가갈 수 있어. 너의 평소 행실이 바르다는 걸 보아스는 다 알고 있으니, 네 청을 거절한다 해도 너를 해하거나 망신을 주지는 않을 게다. 그러니 걱정 말고 오늘밤 그에게 가거라."

베들레헴에 온 이후로 나오미가 이토록 확신에 차서 적
극 나선 건 처음이었습니다. 이에 룻은 자기 생각을 접고 용
기를 냈습니다. 완전히 이해되거나 동의하는 것은 아니었
지만 어머니가 해로운 일을 시키지는 않을 것을 믿었습니
다. 그리고 망신당한다 한들, 두려울 것도 없었습니다. 여기
서 더 떨어질 곳이 없었기 때문입니다. 행실 나쁜 여자로 소
문나서 쫓겨난다 해도 나오미만 있다면 살아갈 수 있다고
생각했습니다.

드디어 그날이 되었습니다.

룻은 마음을 단단히 하고 때를 기다리다가 보아스가 잠
든 곳으로 갔습니다. 그 시각, 나오미는 보아스에게 룻을 보
내놓고 좀처럼 마음이 진정되지 않았습니다. 하나님이 열
어주시면 가능하다는 믿음과 그렇게 되지 않았을 경우 맞
이하게 될 후폭풍에 대한 두려움 사이에서 아슬아슬한 줄
타기를 했습니다.

자신의 선택과 방법이 과연 하나님 앞에 옳은 방법이었

은혜라서 더 서러운

는지, 하나님보다 앞선 것은 아닌지, 인간적인 결정은 아니었는지 어지러운 생각들이 꼬리잡기를 계속했습니다.

지난날이 주마등처럼 스쳐 지나갔습니다. 나오미는 그저 룻이 잘되기만 원했습니다. 그래서 바랄 수 없는 중에 바랐습니다. 다른 이스라엘 백성은 룻을 이방 여인이라며 선을 그었지만, 보아스는 달랐습니다. 나오미는 거기서 하나님의 마음을 봤습니다.

남들은 '이방 여인이 어떻게?'라고 하지만 나오미는 '룻이 어때서?'라고 생각했습니다. 하나님께서 정해놓지 않은 선을 만들어놓고 편 가르는 시대에 대한 저항이었습니다.

모두 '이방 여인'에 방점을 찍을 때 나오미와 보아스는 '룻'이라는 믿음의 여인 하나를 본 것입니다. 그런 보아스라면 룻의 남편이 될 자격이 충분하다고 여겨졌습니다. 하나님께서 룻을 차별하지 않고 받아주신 것처럼 보아스도 분명 다르게 보고 다르게 행동할 것이라고 믿었습니다.

'하지만 아니라면?'

나오미는 고개를 흔들었습니다. 결과는 속단할 수는 없는 법. 만약 아니라면 보아스가 인격적으로 잘 거절해주길 기도했습니다. 적어도 보아스에게는 그런 성품이 있다는 걸 알았습니다. 하나님이 어떤 결과를 허락하실지, 룻을 기다리는 그날 밤이 나오미에게는 천년처럼 길게 느껴졌습니다.

"하나님. 저희는 하나님께서 가장 약하다고 여기시는 과부들입니다. 보잘 것 없고 누군가의 도움이 있어야만 살 수 있는 미약한 존재입니다. 하지만 하나님께서는 우리의 가치가 다른 이들과 다르지 않다는 것을 압니다. 우리를 낮추

시기도 하셨지만, 높이는 것도 하나님의 뜻에 달린 일입니다. 저는 룻이 잘되기를 바랍니다. 그 마음뿐입니다. 하지만 저의 바람과 다른 결과가 오더라도, 우리가 어느 상황에 처하든지, 운명의 주인인 하나님 앞에 흔들림 없이 설 수 있게 해주십시오."

나오미가 고향 베들레헴에 돌아온 뒤, 하나님께 드린 가장 단단한 신앙고백이었습니다. 그때였습니다. 룻이 한껏 상기된 얼굴로 들어와 나오미를 불렀습니다. 표정만으로도 어떤 일이 있었는지 가늠할 수 있었습니다.

그리고 얼마 뒤, 룻은 기생 라합의 아들인 보아스의 아내가 되었습니다.

세 번째 이야기　삭개오

따돌림을 당한 적이 있나요?

문득 사람들에게 투명인간 취급을 받고 있다고 느낀 적은요?

모든 사람과 좋은 관계를 맺으면서 살면 좋겠지만,

때때로 우리는 누군가의 적이 되기도 하고, 미움을 받기도 합니다.

전혀 이해받지 못하는 대상이 되기도 하지요.

별로 친해지고 싶지 않은 사람, 이상한 사람, 공공의 적으로 취급되던 삭개오.

그는 외모나 직업으로 인해 사람들로부터 손가락질을 받는 기피 대상 1호였습니다.

가슴속에서는 아무에게도 이해받지 못하고 환대받지 못하는 것으로

늘 외로움에 사무쳐 있었지만, 아무렇지 않은 척 가면을 쓴 채 살아가고 있었지요.

그러지 않으면 무너져 버릴 것 같았기 때문입니다.

사람들을 향한 원망과 미움, 스스로에 대한 자책. 도무지 어디서부터 꼬였는지

알 수 없는 상황에서 이해받고 싶다는 마음은 더 커졌습니다.

그리고 진심이 담긴 다정한 말 한 마디가 사무치도록 절실해졌지요.

그래서 자신을 오염원으로 취급하는 시선들이 아프게 다가왔습니다.

"너하고 우린 달라. 절대 이 선을 넘어오지 마."

이렇게 관계의 선을 그어버리는 것. 과연 삭개오에게만 일어난 일일까요?

우리에게는 다른 사람은 이해할 수 없는, 그러나 꼭 이해받고 싶은 목마름이 있습니다.

한 사람에게라도 용납되고 싶어서, 누군가 선을 넘어와 주기를 간절하게 바라지만,

그런 사람을 만나기란 쉽지 않습니다.

그러나 성경에서는 무수하게 선을 넘는 사람들이 등장합니다.

그것도 성큼성큼. 특히 예수님은 선을 넘어 다가가는 데 타의 추종을 불허하셨습니다.

지금까지 이룬 것을 다 잃을 수도 있고,

사람들이 등 돌릴 수 있는 위험을 감수하고 '선'을 넘어 삭개오에게 다가가셨지요.

나와 다른 쪽에 선 사람들을 향해 그어버린 선,

내 경험으로 그어버린 편견의 선이 있습니까?

그 선을 향해 조금 나아가 보지 않으시겠습니까?

그는 여리고성 어디서나 환영받지 못하는 사람입니다. 그가 시장에 나타나면 사람들은 못 볼 사람을 본 것처럼 자리를 피합니다. 그러고는 뒤에서 다 들리는 욕을 하며 수근거립니다. 어떤 사람들은 대놓고 싫은 티를 내기도 합니다.

"저 개만도 못한 놈을 또 보네. 오늘 재수가 없으려나!"

"그러게 말이오. 누가 좋아한다고 자꾸 나타나나 모르겠소. 뻔뻔하기까지 하니."

그러면서 사람들은 뒤에서 침을 뱉었습니다. 사내의 귀에 그런 소리들이 다 들렸고, 마음에도 꽂혔습니다. 하지만 아무렇지 않은 듯, 듣지 못한 척하며 지나갔습니다. 그 상황에서 달리 방도가 없었습니다.

동족을 배신하고 자기 이익만 챙기는 세리. 배신자. 천하에 상종 못할 재수 없는 인간. 칼만 안 든 도둑놈. 누군가 잡아갔으면 하는 악당. 오늘밤 당장 사라져도 아무도 신경 쓰지 않을 존재. 사람들에게 삭개오는 그런 존재였습니다. 이제 그런 시선과 대접이 익숙해지긴 했지만, 익숙해졌다고 해서 아프지 않은 건 아니었습니다.

'내가 원하는 건 뭘까?'
돈인가? 사람들의 존경인가? 그럴 수도 있겠지만, 지금은 아니었습니다.
그 사내가 가장 원하는 건 딱 한 가지,
바로 다정함이었습니다.

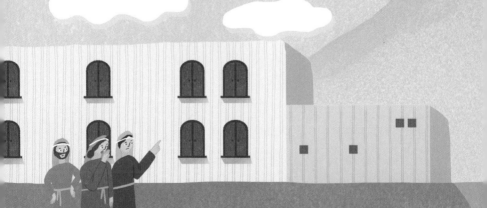

동족인 이스라엘 사람에게 혐오의 대상이 된 삭개오.
그를 미워하고 저주하는 일은 전혀 가책을 느끼지 않아도
될 정도로 삭개오는 공공의 적이었습니다. 그동안 동족을
쥐어짜서 세금을 걷은 대가로 부자가 되었으니 환영받는
다는 게 이상한 일이었습니다.

'다 만족할 순 없어. 하나를 얻으려면 하나를 버려야지.'

삭개오에게는 돈이 더 중요했습니다. 나쁜 일, 좋은 일을 떠나 자신이 할 수 있는 일이었고, 돈을 많이 벌고 싶었습니다. 돈이 많으면… 사람들이 자기를 조금 다르게 봐줄 거라고 생각했기 때문입니다. 돈을 많이 갖게 된 지금, 사람들은 삭개오를 다르게 보긴 합니다. 상종해서는 안 될 나쁜 놈으로.

집에 돌아오는 길에 아이들이 뛰어놀다가 삭개오를 발견하고는 놀렸습니다.

"땅딸보 온다."

"내가 말 안 들으면 저렇게 키가 안 커서 난쟁이가 될 거라고 우리 아빠가 말했어."

그 말을 뒤로하고 오면서 삭개오는 넋 나간 사람처럼 웃었습니다. 화조차 나지 않았습니다. 사실 이렇게 자기 현실을 자각하게 된 것도 얼마 되지 않았습니다. 사람들이 자신을 어떻게 바라보는지 잘 모르고, 아니 어쩌면 모르는 척하면서 살았기 때문입니다. 오랜 시간 모른 척하고 덮어오

은혜라서 더 서러운

기만 했던 감정들이 근래 들어 둑이 무너지듯 툭 터져버렸
습니다. '어디서부터 잘못되었을까?' 그런 질문이 올라오면
서 어릴 적 시간이 떠올랐습니다.

　"넌 남들 클 때 뭐했니?"
　"남자는 키가 커야 하는데… 쯔쯧."

　삭개오는 어려서부터 키가 작아 놀림의 대상이었습니
다. 키가 작다는 말은 뭔가 모자라다는 생각을 갖게 했습
니다. 열등감이 그를 따라다녔습니다. 머리는 좋았지만 사
람들과 잘 어울리지 못했습니다. 운동할 때에도 친구들은
삭개오가 작다는 이유로 끼워주지 않았고, 그럴수록 삭개
오는 움츠러들었습니다. 키가 작다는 것이 왜 놀림당해야
하는 일인지 이해할 수 없었지만, 모자란 사람 취급을 당

　　　　　　　　　　　　　　　세 번째 이야기 | 삭개오

하니 점점 속상해지곤 했습니다. 의기소침해지는 삭개오를 보며 사람들은 또 한마디씩 했습니다.

"키가 작으니까 마음도 작아."
"사내 녀석이 키가 작으니까 어울리지를 못하는군."

그런 삭개오지만 마음에 둔 소녀가 있었습니다. 하지만 어쩐지 선뜻 다가가지 못했습니다. 작은 키 때문에 거절당할까 봐 두려워서 그저 멀리서 지켜만 볼 뿐이었습니다. 소녀는 삭개오의 마음을 알 리 없었지만, 삭개오를 무시하거나 조롱하는 눈빛으로는 보지 않았습니다. 그것만으로도 소녀가 좋았습니다.

어느 날, 집에 가는 길에 소녀와 마주쳤습니다. 지나치려다가 그날은 어디서 용기가 났는지 소녀에게 말을 걸었습니다. 처음에는 놀란 눈치더니 상관없다는 듯 소녀는 함께 걸었습니다. 가슴이 방망이질을 하며 무슨 말을 해야 할지 하나도 생각나지 않았습니다.

그때, 삭개오의 앞을 한 무리가 가로막았습니다. 늘 삭

은혜라서 더 서러운

개오를 조롱하던 동네 아이들이었습니다. 그날도 아무렇지도 않게 '난쟁이', '땅딸보'라며 삭개오를 놀렸습니다. 늘 들었던 말이었지만 그날은 왠지 더 화가 났습니다. 가슴 한가운데서 불구덩이 같은 것이 훅 올라오더니 앞뒤 생각할 틈도 없이 입으로 나와 버렸습니다.

"키 크면 다냐? 유세 부릴 게 키밖에 없지?"

그 말에 아이들은 웃음을 터뜨렸습니다.

"넌 평균보다 작잖아. 모자란 거라고. 꼬맹아."

삭개오도 지지 않았습니다.

"난 꼬맹이가 아니야. 모자라지도 않고. 키만 작을 뿐이지 난 정상이라고."

삭개오가 맞서자 아이들은 너도나도 가세해 공격했습니다.

"아니. 넌 비정상이야. 다른 사람들보다 훨씬 작잖아. 평균에 끼지 못하니까 비정상! 모자란 거라고."

"땅에서 가까워서 좋겠다. 땅만 바라보고 살아. 땅개처럼."

그 말에 삭개오는 참지 못하고 그들을 향해 머리를 박아버렸습니다. 하지만 키가 작은 삭개오는 자기보다 큰 또래들에게 밀릴 수밖에 없었습니다. 그들은 삭개오를 간단하게 밀쳤고, 삭개오는 나가떨어졌습니다.

"키도 작은 게 까불고 있어."

그리고 아이들은 아무 일 없다는 듯이 유유히 사라졌습니다. 그때까지 옆에서 처음부터 지켜보던 소녀와 눈이 마주쳤습니다. 동정인지 실망인지 알 수 없는 눈빛. 그 순간, 온몸에서 무언가 확 달아올랐습니다. 수치심이었습니다. 삭개오는 집에 돌아와 얼마나 울었는지 모릅니다. 그런 삭개오를 보고 아버지는 혀를 찼습니다.

"사내답지 못하게 그런 일로 울기나 하고. 그러니까 무시당하는 거야. 힘을 키워. 누구도 널 얕보지 못하게."

아버지의 질타를 들으니 더 서러웠습니다. 그저 남들처럼 컸으면 좋겠는데, 그저 평균이 되었으면 좋겠는데 다른 사람에게는 평범한 것이 자신에게는 왜 허락되지 않는지 원망스러웠습니다. '평균에 못 미치는 존재.' 삭개오는 자신이 그렇게 보였습니다.

은혜라서 더 서러운

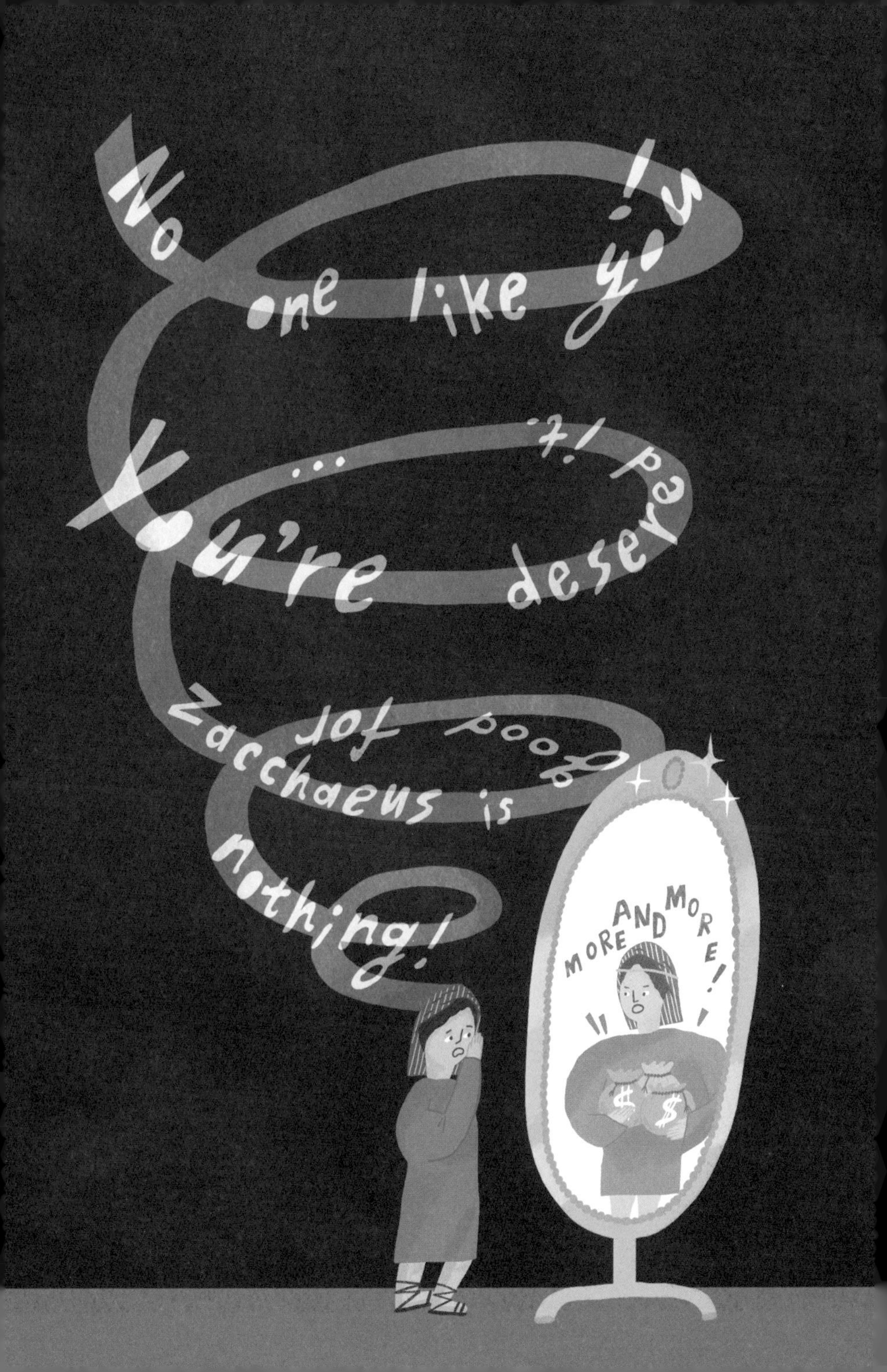

No one like you!
You're deserved it!...
Zacchaeus is good for nothing!
MORE AND MORE!

그날 이후 삭개오는 사람들과 선을 그었습니다. 힘을 기르기로 했습니다. 아버지의 말대로 무시를 당하지 않으려면 힘이 있어야겠다고 생각한 겁니다.

'몸으로는 안 되니 어떤 힘을 길러야 할까.'

긴 고민 끝에 답을 찾았습니다.

'그래. 돈이다.'

돈이라면 사람들이 함부로 하지 못할 것 같았습니다. 자신을 얕보고 조롱하는 사람을 혼내주면서 할 수 있는 일, 그때부터 삭개오의 꿈은 세리가 되었습니다.

키 크는 것은 마음대로 되지 않았지만, 세리가 되는 것은 할 수 있었습니다. 자신을 무시하고 조롱했던 사람들에게 삭개오는 서슴지 않고 세금을 거두어들였습니다. 통쾌했습니다. 처음 느껴보는 우월감이었습니다. 사람들은 처음에는 삭개오에게 매달리며 사정하기도 하고, '아무리 그

래도 동족에게 그러면 되느냐', '민족의 고혈을 짜내 로마에
바치면 매국노다'라면서 민족 정서에 호소하기도 했습니
다. 그러나 어떤 것도 삭개오의 마음을 바꾸지 못했습니다.
삭개오가 열심히 할수록 사람들의 분노와 적개심이 커졌
습니다.

　'나한테 어떻게 했는지 다 잊었나 보군. 나는 왜 그렇게
하면 안 되는데? 정말 이기적이야.'

　삭개오는 브레이크가 고장 난 사람처럼 미친 듯이 일했
습니다. 덕분에 점점 부자가 되었습니다. 이스라엘 백성에
게서 세금을 많이 거두니 자신에게 떨어지는 돈이 많아졌
기 때문입니다. 그 맛에 부당한 방법으로 세금을 물리기도
했습니다. 별로 죄책감이 들지도 않았습니다. 힘이 있다고
생각하니 오히려 달콤했습니다. 사람들이 자신을 피해 다

너도 부와 권력에 취해 눈이 어두워졌습니다. 이제 곧 목표했던 아무도 무시 못할 존재가 된다는 꿈에 부풀어 더욱 열심히 일했습니다.

하지만 시간이 흐르면서 마음의 구멍이 커졌습니다. 돈으로 메울 수 있다고 생각했는데 어찌 된 일인지 더 공허하고 허전했습니다.

작은 키로 인한 열등감을 돈과 권력으로 포장하려 했지만, 그런 것들은 금세 바닥을 드러냈습니다. 사람들은 자기 앞에서는 사정하는 척하면서 뒤돌아서서는 수군거린다는 걸 알았습니다. 가족들도 자신을 진심으로 위하는 것이 아니라 돈 벌어다주는 사람쯤으로 생각하는 것 같았습니다. 어디에도 마음 붙일 곳이 없다고 느껴지자 삭개오의 마음에는 균열이 일어났고 구멍은 점점 커져만 갔습니다.

단 한 번 사는 삶, 후회 없이 살고 싶어 열심히 일했지만, 현실은 후지고 일상은 고단할 뿐이었습니다. 자기를 제외하고는 다들 좋아보였습니다. 대상을 알 수 없는 원망으로 가득하고, 출구를 찾지 못해 계속 벽에 부딪히는 것 같았지만 그래도 일상은 반자동처럼 돌아갔습니다.

은혜라서 더 서러운

"이대로 사라져버렸으면 좋겠다."

그러면서도 한편으로는 자기 마음을 알아주는 한 사람을 만나고 싶다는 열망이 강해졌습니다.

어느 날, 삭개오가 성문 앞에 나가 거닐고 있는데 다른 마을에서 온 듯한 나그네가 삭개오에게 말을 걸었습니다. 그는 오랜 여행에 지쳤는지 피곤한 기색으로 우물을 찾고 있었습니다.

자신에게 말을 걸어주는 사람이 얼마만인지. 삭개오는 신이 나서 그에게 우물을 알려주었습니다. 삭개오가 어떤 사람인지 잘 모르는 나그네는 삭개오에게 마을에 대해 이런저런 궁금한 것을 물었습니다.

"선생님은 참 좋은 분 같습니다."

나그네는 삭개오의 친절에 웃으며 말했습니다. 그런 말을 처음 들은 삭개오는 기분이 묘했습니다. 낯선 사람이기 때문에 더 마음 놓고 자기 이야기를 할 수 있는 용기가 생겼는지도 모르겠지만 삭개오는 조금씩 마음을 털어놓기 시작했습니다. 키가 작아서 열등감에 찌든 나머지 성공 지향

적인 삶을 살다가 사람들로부터 욕을 먹고, 그 결과 요즘 소외감과 공허감까지 느끼고 있다고 고백했습니다. 단, 자신이 세리라는 사실만은 숨겼습니다.

"키가 작다고 해서, 놀림을 당했다고 해서 다 저처럼 살진 않겠죠. 그때 제가 좀 더 다른 선택을 했다면 제 삶도 달라졌을까요?"

잠잠히 듣고 있던 나그네가 말했습니다.

"제가 선생님의 삶을 다 모르기 때문에 함부로 말할 수는 없지만, 모든 인생에는 어쩔 수 없는 선택도 있으니까요."

그 말에 왠지 삭개오는 안심이 되었습니다.

"그렇게 말해주는 사람을 처음 만났습니다."

나그네는 따뜻한 미소를 지으며 말했습니다.

"저도 그런 분을 만나 인생이 바뀌었습니다. 전 저의 인생이 쓰레기 같다고 생각했거든요."

삭개오는 솔깃했습니다. 궁금해 죽겠다는 눈으로 쳐다보자 나그네는 자기 이야기를 하기 시작했습니다.

은혜라서 더 서러운

"어릴 때 부모님한테 버려진 이후로 정말 망나니처럼 살았습니다. 살기 위해 도둑질도 하고 싸움도 많이 했죠. 거리에선 힘이 세지 않으면 살아남기 어렵거든요. 그러다 보니 깡패가 되어 있더군요. 사람들이 다 저를 무서워해서 피해 다녔습니다. 전 그걸 으스댔고요. 그러다 병에 걸리고 말았습니다. 이제 내 인생은 끝났다고 생각되었던 그때, 그분을 만났습니다."

사내의 눈에선 눈물이 흘렀습니다.

"죽는 건 아깝지 않으나 이렇게 죽는 건 싫었어요. 태어나서 저라는 존재는 한 번도 누군가에게 온전히 받아들여진 적이 없었으니까요. '내 인생은 왜 이것밖에 안 되었나' 하는 생각이 들면서 모든 게 후회되고, 모든 게 원망스러웠어요. 그때 그분은 저에게 그러셨어요. 인생이라는 그릇에 담긴 모든 이야기는 참으로 소중하다고. 태어나서 제 존재가 처음으로 수용되는 느낌이었어요. 그러면서 그분은 지금껏 그 누구도 만져본 적이 없는 제 손을 만져주셨습니다. 그리고 보시다시피 지금은 이렇게 살고 있습니다."

삭개오는 그의 고백에 머리가 멍해졌습니다. 무엇보다

자기 존재가 처음으로 받아들여지는 느낌이었다는 말에
울컥했습니다.

'과연 그 사람은 내 인생에 담긴 이야기도 소중하다고
할까?' 절대 그렇지 않을 것 같았습니다. 나그네는 부모에
게 버림받았으니까 그럴 만했지만, 자기는 그런 사연이 있
는 것도 아니었기에 그저 '내가 못나서' 벌어진 일이었으니
까요. '내 인생 따위를 소중하다고 해줄 사람이 있을 리 없잖
아.' 그런 생각이 들자 씁쓸해져서 삭개오는 화제를 돌렸습
니다. 다시 한가로운 잡담을 나누었습니다. 간만에 편안했
습니다. 나그네의 입에서 그 말이 나오기 전까지는 말이죠.

"참. 이 마을에 괴물에 산다면서요?"
처음 듣는 이야기여서 어리둥절했습니다. 삭개오가 전
혀 모르는 표정을 짓자 그는 웃으면서 대답했습니다.
"아, 진짜 괴물은 아니고 괴물 같은 사람인 것 같더군요."
나그네는 말을 이어갔습니다.

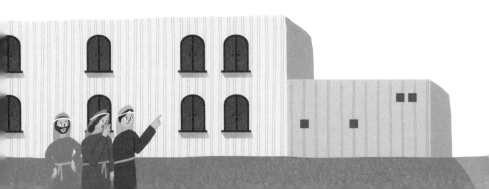

"그런 사람들이 간혹 있지 않습니까. 자기도 모르게 괴물이 되어 있는 사람. 그런 사람은 얼마나 외로울까요? 사람들이 그러더라고요. 그가 죽어도 아무도 아쉬워하지 않을 거라고요. 그보다 비참한 게 있을까요. 어쩌다 그런 존재가 되었을까요."

삭개오도 어쩐지 그 남자가 안되었다는 생각이 들었습니다.

"도대체 얼마나 흉악하길래 사람들이 그런 취급을 한답니까? 저는 아직 한 번도 보지 못해서…."

그러자 이방인은 손을 저으며 말했습니다.

"저도 소문으로만 들었습니다. 세리라고 하던데요."

설마.

삭개오의 얼굴이 손 쓸 겨를도 없이 벌겋게 달아오르기 시작했습니다.

"이스라엘 사람인데 동족에게 세금을 아주 많이 뜯어서 로마에 바치는 세리라고 하더군요. 하는 짓이 하도 악하니 사람들이 괴물이라고 부르나 봅니다."

삭개오는 아무 말도 할 수가 없었습니다. 들릴락 말락한 목소리로 "그래요?"라고 했지만 이미 얼굴은 백지장이 되어 있었습니다.

"저도 소문만 들었을 뿐입니다. 사람이 괜히 괴물이 되진 않으니까 무슨 사정이 있었겠죠. 상처를 받거나 고통을 받으면 그걸 딛고 더 훌륭한 사람이 되든가 오히려 악한 마음으로 똘똘 뭉쳐져서 악당이 되기도 하잖아요. 그 사람은 아마 후자 쪽이 아니었을까 싶습니다. 사람들에게 빨리 치워버렸으면 하는 존재가 된다는 건 얼마나 비극일까요. 전 그게 어떤 감정일지 알 것 같…"

삭개오의 귀에는 더 이상 아무 말도 들어오지 않았습니다. 그동안 브레이크 없이 달려오느라 한 번도 제대로 보지 못한 자기 모습을 마주했기 때문입니다. 그제야 보게 된 자신의 모습은 바로 괴물이었습니다. 그 충격 때문에 삭개오는 이방인의 마지막 말을 듣지 못했습니다.

"전 그 사람이 궁금합니다. 당연히 혐오해도 되는, 그런 존재는 없을 텐데 말이죠."

도망치듯 허겁지겁 이방인과 헤어진 삭개오는 며칠을 충격 속에서 보냈습니다. 가족들은 그런 삭개오가 걱정되었지만, 어찌 할 도리가 없었습니다.

그러고 다시 보니 사람들의 시선이 명확하게 와서 닿았습니다. 어쩌면 그 전에는 제대로 보려 하지 않고, 인정하지 않으려 한 시선. 명백한 혐오와 증오의 시선이었습니다. 말하자면 삭개오는 사람들에게서 완전히 격리된 병균 덩어리였습니다.

이런 상황은 계획에 없었는데… 낭패였습니다. 그렇다고 지금까지의 삶을 갑자기 바꿀 수도 없었습니다. 깊은 후회와 좌절이 밀려왔습니다. 잘못된 욕망은 열등감이라는 물을 먹고 계속 괴물처럼 자라났고, 이제 그 괴물을 없앨 방법은 스스로 찾을 수 없었습니다. 인생을 리셋하고 싶었지만 방법은 어디에도 없었습니다.

'지금 그만두지 않으면 이대로 계속 살 것 같은데 어떻게 멈춰야 할까.'

삭개오도 그 방법을 너무나 찾고 싶었습니다.

그런 마음으로 몇 달을 살았습니다. 브레이크 없이 달려온 일상은 깨졌고, 출구를 찾지 못해 답답한 시간이 계속되었습니다. 계속 일은 했지만 전처럼 할 수는 없었습니다. 균열이 일어난 것입니다.

사람들은 의아해하면서도 적개심은 풀지 않았습니다. 죽을 때가 되었나보다라고 생각할 뿐이었습니다. "요즘 무슨 일 있니? 당신, 괜찮아?" 누구라도 이렇게 물어봐주길 바랐는데, 그런 이웃은 한 명도 없었습니다. 서럽고 외로웠습니다. 가족이 채워줄 수 없는 감정이었습니다. 그래서 그 어느 때보다 다정함이 절실했던 참이었습니다. 자신에 대한 소문을 좀 들어볼까 싶어 삭개오는 거리로 나왔습니다.

"예수에 대한 소문 들었나?"

"당연히 들었지. 요즘 예수 모르는 사람이 어디 있나?"

"혈루병 걸린 여인도 고쳐 주고, 이방인의 하인도 말 한마디로 다 낫게 해줬다는군."

삭개오는 사람들이 나누는 말을 듣고 심장이 쿵하고 내

려앉았습니다.

'자격을 보지 않고 만나준다고?'

삭개오는 예수라는 존재가 너무나 궁금했습니다. 그 이후로 삭개오의 레이더에는 '예수'만 잡혔습니다. 그러고 보니 어디를 가도 예수에 대한 말이 넘쳐났습니다. 예수에 대한 여리고성 사람들의 관심은 정말 뜨거웠습니다.

특히 예수가 행한 기적은 사람들에게 큰 충격을 주었습니다. 서지 못했던 사람이 일어서고, 귀신 들렸던 사람이 멀쩡해지고, 불치병이 낫고…. 예수에 대한 소문은 사람들의 마음을 매일 사로잡았습니다.

하지만 삭개오는 달랐습니다. 예수가 행한 기적보다 그분이 만난 사람들이 더 궁금했습니다.

"그분은 사람을 가리지 않고 만나나 보군요?"

삭개오는 궁금증을 숨기지 못하고 이스라엘 사람에게 물었습니다. 사람들은 삭개오를 보자 싫은 티를 내면서도 마지못해 답을 해주었습니다.

"너무 가리지 않고 만나서 바리새인들한테 욕을 먹는

은혜라서 더 서러운

다는군요. 창녀도 만났으니 말 다했지."

"한 마디로 파격입니다. 파격."

그런데 왜 그런 예수가 욕을 먹는지 이해가 되지 않았습니다.

"유대교에서 금기시하는 것을 하니까. 안식일에도 사람을 치료해줬지, 성전에서 물건 판다고 난리쳤지. 그리고 부정탄다고 멀리하는 사람들과도 거리낌 없이 어울리니 좀 튀긴 하지."

놀라웠습니다. 지금까지 금기시된 것들을 예수라는 사람은 다 깨뜨리고 선을 넘었습니다. 만나는 사람을 봐도 그랬습니다. 더럽다고 마주치지도 않는 사람, 옷깃이라도 닿을까 싶어서 기피대상 취급을 받던 사람을 만나고 다닌다니. 이스라엘에서 병균 취급을 당했던 삭개오의 마음속에 한 번도 모습을 드러내지 않았던 낯선 감정이 올라왔습니다.

바로 '희망' 말입니다.

사람들은 예수를 메시아로 보고 있었습니다. 소문의 열

기만 놓고 본다면 이미 이스라엘은 로마에서 독립해서 세계 최강 수준에 오른 듯했습니다. 지금의 처참한 현실에서 누군가가 나타나서 탈출시켜주었으면, 뭔가 상황을 역전시켜주었으면, 그렇게만 된다면 행복할 텐데. 다 저마다의 이유로 예수께서 이스라엘을 정치적으로 해방시켜주리라 굳게 믿었습니다. 그러나 삭개오는 달랐습니다. 그저 예수라는 사람 자체에 매혹되어 버렸습니다. 그날부터 삭개오의 머릿속에는 예수로 가득 찼습니다. 온갖 질문이 떠나질 않았습니다.

'그 사람이라면 나를 봐줄지 몰라.'
'봐주면 뭐가 달라지나?'
'그 사람에게 간 사람은 인생이 바뀌었다면서?
나도 그렇게 될지 모르잖아.'
'어떻게 바뀌었으면 좋겠는데?'

자문자답하던 생각은 거기서 멈추었습니다. 삭개오는 그 순간, 자신이 정말 원하는 게 뭔지 한 번도 제대로 생각

은혜라서 더 서러운

해보지 않았다는 사실을 깨달았습니다.

'내가 손을 내밀면 손 잡아주는 사람이 있었으면 좋겠어.'

사실 삭개오가 원한 건 관계였습니다. 그리고 다정함이었습니다. 그것을 깨닫는 순간, 삭개오의 마음에 차곡차곡 쌓아두었던 둑이 툭하고 터졌습니다. 남들에게는 당연한 일상이 자신에게는 이토록 간절한 소망이 되다니. 어디서부터 꼬인 것인지 알 수 없었습니다. 그리고 아주 오랜만에 누군가를 간절히 기다리는 마음이 생겼습니다. '나도 그를 만나고 싶다. 아니, 반드시 만나고야 말겠어.'

그때부터 삭개오는 예수에 대한 소문을 추적했습니다. 혹시 만날 수 있을 기회가 생기면 꼭 뵙고 싶었기 때문입니다. 드디어 전도여행을 마치는 마지막 날, 그가 여리고에 온다는 소식을 들었습니다. 삭개오의 가슴은 방망이질하기 시작했습니다. 인생에 처음으로 서광이 비치는 것 같았습니다. 그

가 온다는 날만을 손꼽아 기다렸습니다. 그를 기다리는 동안, 키에 대한 열등감이나 그것으로 받은 수모, 그러면서 마음속에 똬리를 틀고 있던 비참함과 복수심이 어디론가 휘발되어 버렸다는 사실을 깨달았습니다.

예수를 만나면 어떻게 인사할지, 그가 한번이라도 나를 보게 하려면 어떻게 해야 좋을지, 온통 그 생각뿐이었습니다. 한번만이라도 자기를 봐주기만 해도 더 바랄 게 없겠다는 생각까지 들었습니다. 예수가 온다는 날을 하루 앞두고는 기대와 초조함에 잠이 오지 않았습니다.

'지금까지 지은 잘못 때문에 나를 못 보는 건 아닐까.'
'만났는데 아무 일도 안 일어나면 어떡하지?'
'다른 사람은 다 만나줘도 나는 안 되는 거 아닌가?'
'그도 다른 사람들처럼 나를 병균처럼 보면?'

온갖 걱정들이 부유하면서 지난날이 주마등처럼 스쳐 지나갔습니다. 사람들의 멸시 가득한 눈빛, 자신을 피하는 경멸을 온몸으로 받아내야 했던 시간들, 여기는 절대 넘어

은혜라서 더 서러운

오지 말라던 보이지 않던 금기의 선들, 철저한 소외. 모두가 삭개오에게는 아픔이었습니다.

"자업자득이지."

재채기처럼 푸념이 나와버렸습니다. 그리고 로마의 군인이 했던 말도 떠올랐습니다.

"한편이 될 수 없다면 더 악당이 되는 게 낫소."

그 말에 동의해서 여기까지 왔지만, 지금은 후회뿐이었습니다. '어디서부터 풀어야 할지 알 수 없을 정도로 꼬여버린 매듭. 그분이라면 풀 수 있을까?'

온갖 걱정과 두려움 또 한편으로는 희망과 기대로 꼴딱 밤을 샜습니다.

세상에. 아침부터 난리가 난 것처럼 마을은 떠들썩했습니다. 예수라는 사람을 맞이하기 위해 사람들이 일찍부터 모이기 시작한 것입니다. 삭개오는 처리해야 할 일이 있어 조금 늦었는데, 이미 많은 군중은 예수가 지나가는 길을 만들어놓고 기다리고 있었습니다. 어마어마하게 모인 사람들을 본 순간, 삭개오는 머릿속이 하얘졌습니다. 키가 작은 삭개오는 예수 일행을 전혀 볼 수 없었고, 그렇다고 인파 속을 뚫고 갈 수도 없었기 때문입니다.

"아휴, 참 성가시네. 어중이떠중이 다 오는군."

사람들은 여기서도 삭개오를 치워버리고 싶어 했습니다. 예전 같으면 상처가 되었을 말, 하지만 지금은 달랐습니다. 그러거나 말거나 삭개오는 사람들 틈에 끼어 들어갔습니다.

"누가 당신 같은 사람을 반긴다고?"

"예수도 이스라엘 사람이오. 동족을 핍박한 세리를 다른 사람과 똑같이 대할 리 없지 않소? 만약 당신 편을 들면 그건 배신이나 반역인데 지금 그럴 만큼 어리석지는 않을 거요. 그러니 꿈 깨시오."

"예수가 당신을 옹호하면 난 그런 사람을 따르지 않을 겁니다."

그러면서 사람들은 삭개오를 밀쳤습니다. 환영 인파에서 순식간에 밀려난 삭개오는 순간 허망함에 휩싸였습니다. 그들이 그은 선에서 또 출입금지를 당했으니까요. 그렇

은혜라서 더 서러운

다고 포기할 순 없었습니다. 얼른 틈을 노렸지만 키가 작은 삭개오는 아무리 껑충 뛰어도 행진이 보이지 않았습니다. 사람들의 비웃는 소리가 들렸습니다.

'이대로 그를 지나치면 안 돼.'

삭개오는 절박해졌습니다. 뭐라도 해야겠다 싶었던 그때 온몸을 던져서 파고들었습니다. 그러나 이내 튕겨져 나왔습니다.

"방해되니까 저리 가."

그곳에서도 사람들은 선을 그었습니다.

"당신은 다음에 만나."

삭개오는 어이가 없었습니다.

'나한테 다음이 어디 있다고.'

그 순간, 어디선가 엄청난 함성소리가 들리기 시작했습니다. 드디어 예수가 바로 앞까지 온 것입니다. 순간, 삭개오는 어디서 그런 용기가 났는지 주위를 둘러보더니 뽕나무로 달려가기 시작했습니다. 체면 같은 건 신경도 쓰이지 않았습니다. 사람들이 비웃어도 상관없었습니다. 그저 그를 볼 수만 있으면 된다는 마음뿐이었습니다.

삭개오는 순식간에 뽕나무 위로 올라갔습니다. 드디어 그가 보였습니다. 그저 멀리서 보았을 뿐인데 가슴과 눈시울이 뜨거워졌습니다. 가까이에서 보면 좋았을 텐데, 안타까움에 발을 동동 굴렀지만 지금으로서는 뽕나무 위가 최선이었습니다. 이렇게 많은 사람 틈에서, 큰 함성 속에서 삭개오는 점 하나 같은 존재였습니다. 그저 멀리서 보는 것만으로도 만족하자며 뽕나무 위에 매달려 있었지만, 사실 삭개오의 마음은 그 어느 때보다 가난하고 절박했습니다.

예수가 갑자기 걸음을 멈추었습니다. 환호성을 지르던 사람들이 무슨 일인가 싶어 조용해졌습니다. 그때였습니다.

은혜라서 더 서러운

예수의 눈길이 삭개오가 있는 뽕나무로 향했습니다. 그리고 삭개오와 눈이 마주쳤습니다. 삭개오의 온몸이 얼어붙었습니다.

'내가 너를 안다. 사람들 사이에 끼지 못하고 거기 올라가 있는 모습이 내 눈에는 다 보인단다.'

처음 마주한 따뜻함. 그토록 원했던 다정함이었습니다.

'그동안 서럽고 외로웠겠구나. 내가 다 안다. 네가 이제 새롭게 시작하고 싶어 한다는 것도 안다. 그래서 자존심 상해도 나를 만나고 싶어 했다는 것도 알고 있었다. 그래서 내가 이렇게 왔다. 너를 만나기 위해.'

불과 몇 초도 안 되는 사이. 예수는 눈으로 삭개오에게 그렇게 말하고 있었습니다.

'한 사람만 네 마음을 알아주었어도 되었을 텐데. 그 한 사람이 없었구나.'

'맞아요. 주님!'

'지난날에 대한 후회로 가득해 보이는구나.'

'네. 다 지우고 싶습니다.'

'넌 다시 시작하고 싶은 거지?'

'그럼요. 주님!'

'내가 너와 함께한다면 가능하단다.'

삭개오는 무언가에 홀린 듯 뛰어내리려다 자신
이 뽕나무 위에 있다는 사실을 깨달았습니다.

은혜라서 더 서러운

'말도 안돼. 내가 망상에 빠졌나?'

삭개오는 믿을 수가 없어 고개를 세차게 흔들었습니다. 다시 얼굴을 들어 보니 사람들의 시선이 일제히 자신에게 쏟아지고 있었습니다.

"삭개오야. 이제 내려와라. 오늘 내가 너희 집에 머물러 야겠다."

지금까지 한 번도 듣지 못했던 따뜻한 부름이었습니다. 예수가 그 말을 하자마자 사람들은 웅성거리기 시작했습니다.

"저 나쁜 놈의 집에 가서 묵는다고?"

"벌을 줘도 시원치 않을 판에?"

"예수가 우리를 배신한 저 사람 편에 서는 거야? 민족의 배신자 편에? 우리 민족을 구원하러 온 줄 알았는데."

"말도 안 돼. 고작 저런 사람 따위에."

사람들의 소란에 삭개오는 순간 멈칫했습니다. 혹시나 자기 때문에 저 아름다운 사람이 화를 당할까 봐 걱정되었기 때문입니다. 모두가 혼란에 빠져 있던 그때, 단 한 사람 예수만은 흔들림 없이 삭개오를 바라보고 있었습니다. 그 순간 삭개오는 갑자기 세상을 다 얻은 듯한 마음이 들었습니다. 뜻하지 않은 상황에 어리둥절해도, 지금 기적이 일어나고 있다는 것만은 분명했습니다.

삭개오는 상기된 마음으로 다시 예수를 쳐다봤습니다. 그렇게 환한 얼굴을 본 적이 없었습니다. 예수는 분명 군중 속에 있었지만, 이 순간만큼은 삭개오가 이 세상에서 유일한 사람인 것처럼 정확하고 따뜻하게 보고 있었습니다. 마치 삭개오의 모든 것을 꿰뚫어보고 있다는 듯이.

은혜라서 더 서러운

병균, 오물 취급을 받던 삭개오는 자신이 마치 다른 사람이 된 것만 같았습니다. 예수의 눈빛이 자신의 모든 것을 씻어주고 소독해주는 느낌이었습니다. 갑자기 선을 넘어 훅 다가온 예수를 보며 삭개오는 그동안 애착하던 모든 것이 쓰레기처럼 여겨졌습니다. 오직 예수만이 가장 가치 있게 여겨졌습니다. 그 순간, 새로 시작할 수 있을 것 같은 확신이 들었습니다.

"주님, 보십시오. 내 소유의 절반을 가난한 사람들에게 주겠습니다. 또 내가 누구에게서 강제로 빼앗은 것이 있으면, 네 배로 갚아주겠습니다."

사람들은 더 웅성거렸습니다. 갑자기 벌어진 상황에 다들 어리둥절할 뿐이었습니다. 기적은 별 게 아니었습니다. 출입금지 된 선을 넘어 누군가 나에게 다가와주는 것. 그리고 손잡아주는 그것이었습니다.

작가의 말

제가 어렸을 때, <두 얼굴의 사나이>라는 미국 드라마가 인기를 끌었던 적이 있습니다. 평상시에는 선한 과학자인 부르스 배너가 분노하게 되면 파란색 괴물인 헐크로 변한다는 내용입니다. 그때는 그저 재미로 봤지만, 나중에 성인이 돼서 돌아보니 인간에 대한 통찰이 있는 드라마였다는 생각이 들었습니다. 저를 포함해서 거의 대부분의 인간이 잘 지내다가도 어떤 스위치가 눌러지느냐에 따라 자신도 모르게 괴물이 되어 버리니까요.

저는 2019년에 《혼자 살면 어때요? 좋으면 그만이지》라는 책을 출간했습니다. 이 땅에서 마흔 넘은 비혼으로 살아가는 이야기입니다. 제가 2~30대였던 때만 하더라도 졸업하면 취직하고, 취직하면 결혼하고, 결혼하면 아이 낳고… 이런 삶이 당연했습니다. 그게 모두가 걸어가는 대세의 길이었지요. 하지만 저에게 당연하게 열릴 줄 알았던 그 길에서 저는 이탈해 있었습니다. 이상하게 교회 안에 머물러 있기가 곤란해졌습니다. 사실 있을 곳이 없었습니다. 모두 더없이 친절했지만, 어느 순간부터 그어진 보이지 않는 선은 모든 게 전과 같지 않음을 알려주었습니다.

'왜 결혼 안 하고 혼자 살면 부족한 사람 취급을 할까?', '왜 교회는 가정을 꾸린 사람 위주로만 구성될까? 그렇지 않은 사람은 어디로 가라는 거지?', '세상은 변하고 있는데, 혈육이나 제도 중심으로 맺어진 가족을 넘어 지금까지와는 다른 형태의 가족 공동체를 만드는 것…. 그건 교회가 가장 잘 할 수 있는 일 아닌가? 그런데 왜 교회는 거꾸로 가고 있는 거지?' 교회 안에 존재하는 선, 그리고 벽을 느끼며 제 안에서 수많은 질문이 올라왔고, 소외와 차별에 대해 관심을 갖기 시작했습니다.

그러면서 난민, 성소수자, 이주노동자 등 사회적 약자와 소수자를 향한 그리스도인의 차별과 혐오 가득한 반응이 눈에 들어왔습니다. 깜짝 놀랐습니다. 누구보다 약자의 편에 설 줄 알았던 그들이 누구보다 앞서서 약자를 배제하고 차별하는 주체가 되어 있었던 겁니다. 그때 전 그들에게서 어릴 적 TV에서 보았던 <두 얼굴의 사나이>가 생각났습

은혜라서 더 서러운

니다. 차별하는 그리스도인들은 분명 헐크의 모습을 하고 있었습니다.

종교라는 이름으로 나와 다른 쪽에 선 사람들에게 선을 그어버리는 동안, 교회와 세상의 간극은 너무나 벌어져 버렸습니다. 심지어 기독교는 조롱의 대상이 되었습니다. 교회를 사랑하고 교회 공동체에서 선한 것을 많이 누린 저로서는 마음이 아프기도 했고, 궁금하기도 했습니다.

다시 성경을 보기 시작했습니다. 모두 알다시피 성경에는 무수한 사회적 약자가 등장합니다. 심지어 그들이 주인공이기까지 합니다. 하나님은 그들의 다름을 차별하지도 혐오하지도 않으셨지요. 물론 우상을 섬기며 죄악을 저질렀던 이방인들과는 다른 이야기입니다.

저는 3명의 인물을 봤습니다. 기생 신분이었던 라합, 이방인 며느리를 들였던 나오미, 직업과 외모로 소외당했던 삭개오. 지금도 우리가 다른 사람을 차별하고 피하려 할 때 걸리는 이유를 가진 사람들입니다. 그들을 통해 좀 더 우리를 들여다보고 싶었습니다. 사람 사는 건 그때나 지금이나 비슷하니까요.

작가의 말

천천히 성경을 읽으면서 느낀 건, 하나님은 정말 우리 상상을 뛰어넘는 혁신가라는 점입니다. 몸을 파는 기생이 예수님의 족보에 끼다니요, 게다가 이방 여인도. 또한 모두에게 왕따 당하고 손가락질받는, 누군가를 위해 좋은 일이라고는 하나도 한 적 없는 존재를 눈여겨보시기도 했습니다. 대다수에게 그저 혐오의 대상일 뿐이었던 사람을 말이죠. 그들을 만나신 하나님은 '기독교적 정답'을 요구하시지 않았습니다. 그저 그들의 가난한 마음을 받아들이고 포용하셨을 뿐.

　사람은 본능적으로 이쪽과 저쪽을 나누는 데 익숙합니다. 오죽하면 사람은 "세상을 이분법으로 나누는 자와 그러지 않은 자로 나뉜다"라고 할까요. 그 분리의 과정에 편견이 작동합니다. "내집단 선호와 외집단 폄훼는 짝꿍처럼 함께 간다. 자기 집단이 위협받는다고 생각하면 타집단 사람을 폄훼하고 비난한다. 외집단을 비난하는 이유는 그래야 내집단이 우월해지고 그 속에 있는 자신이 자존감을 유지할 수 있기 때문이다"(서울대학교 장대익 교수).

　"이쪽 아니면 다 틀려!"라고 말하면서 우리 일상에 무해

　　　　　　　　　　　　　은혜라서 더 서러운

한 이방인과 약한 사람을 경계하고 비난하며 터부시하는 교회의 모습을 보면 그리스도인의 자존감에 대해 생각하게 됩니다. 그리스도인으로서의 참된 자존감. 그것은 어떤 존재에도 열려 있고 두려움이 없었던 분, 그래서 신분, 처지, 평판과 상관없이 거침없이 다가가 변화시킨 분, 바로 우리 예수님을 보면 알 수 있습니다.

옳고 그름을 이야기하려는 건 아닙니다. 전 여전히 교회가 이 세상의 소망이라고 생각하고, 빛과 소금 같은 그리스도인이 훨씬 더 많다는 것을 압니다. 단지 언제부터인가 기독교 안에 당연하게 스며든 편견과 차별, 혐오에 대해 함께 생각해보았으면 하는 마음으로, 변화하는 세상 속에서 교회와 그리스도인이 끝까지 지킬 것은 지키되, 적극적으로 변화를 주도했으면 하는 바람으로 이 글을 씁니다. 더 나아가 피조물에 대해 색안경을 끼지 않고 차별하지 않으신 하나님의 마음을 나누고, 그리스도인의 참된 자존감에 대해 함께 고민하는 계기가 되었으면 좋겠습니다.

신소영

작가의 말

국제제자훈련원은 건강한 교회를 꿈꾸는 목회의 동반자로서 제자 삼는 사역을 중심으로
성경적 목회 모델을 제시함으로 세계 교회를 섬기는 전문 사역 기관입니다.

은혜라서 더 서러운

초판 1쇄 인쇄 2020년 6월 30일
초판 1쇄 발행 2020년 7월 10일

지은이 신소영
일러스트 다랑

펴낸이 오정현
펴낸곳 국제제자훈련원
등록번호 제2013-000170호(2013년 9월 25일)
주소 서울시 서초구 효령로68길 98(서초동)
전화 02)3489-4300 **팩스** 02)3489-4329
이메일 dmipress@sarang.org

ISBN 978-89-5731-814-0 (03230)

※ 책값은 뒤표지에 있습니다. 잘못된 책은 구입하신 곳에서 교환해드립니다.